KB175758

명동 파랑새

명동 파랑새

임용혁 지음

페이퍼로드
paperroad

추천의 글

'매헌윤봉길의사기념사업회' 그리고 '독도지킴이운동'에서 저와 함께 일해 온 전 서울특별시 중구의회 의장 임용혁 님의 회고록 『명동 파랑새』를 읽고 참으로 많은 것을 새롭게 확인할 수 있었습니다. 무엇보다 "사람은 정직하고 성실하게 살아야 하고, 그렇게 살아온 사람에게 하늘은 반드시 좋은 보답을 베풀어 주신다"라는 선현의 가르침이 결코 헛말이 아니고 진실임을 믿게 된 것입니다.

임용혁 님은 그 시대 우리나라 대부분의 청소년처럼 힘없고 가난한 집안에서 태어났습니다. 중학생 때부터 고등학생 때까지 6년에 걸쳐 신문배달을 하며 학비를 벌어야 했습니다. 자활자립 하겠다는 의지 하나만으로 지방에서 아무 연고가 없는 서울로 올라와 서울역 대합실에서 기거하며 배고픔을 달래야 했던 그는 한때 극단적 선택을 시도하기도 했습니다. 그처럼 열악한 환경 속에서도 타락하지 않고 올곧게 생활하는 가운데 여러 사람의 신임을 받아 마침내 안정된 직장을 확보하게 됐을 뿐만 아니라 명동 뚜레쥬르의 성공신화를 일으키고, 경양식 레스토랑 핀란디아를 창업해 성공시키는 경영능력을 발휘했습니다.

거기서 한 걸음 더 나아가 마침내 서울특별시 중구에서 두 차례에 걸쳐 구의원으로 활동하며 두 번째 임기 때는 의장으로 선출됐으며, 국영기업체인 한국관광공사에서는 상임감사로 선임되기에 이르렀습니다. 글자 그대로 자수성가의 표본이 된 것입니다. 이 과정에서 임용혁 님은 철저하게 공인의식을 발휘했습니다. 개인적인 이익은 버리고 공인으로서 공공의 복리를 위한다는 멸사봉공의 자세로 일했습니다.

구의회 의장으로 선출되자 의장 전용의 고급차량을 훨씬 더 저렴하면서도 여러 사람이 함께 사용할 수 있는 차량으로 바꾼 일, 업무추진비를 삭감한 일, 그리고 오해를 피하고자 성업 중인 자신의 점포 네 개를 모두 내려놓은 일 등이 그 사례들이었습니다. 자신이 젊음을 바쳐 일해 온 중구의 사정에 밝은 그는 이론이 아니라 현실에 바탕을 둔 대안을 갖고 구청장을 설복시키기도 하고 시장을 설득하기도 해 구민을 만족시키는 해답을 받아내기도 했습니다.

모든 일이 평탄한 것만은 아니었습니다. 때로는 "얼굴을 칼로 그어버리겠다"는 폭력배의 협박도 받았습니다. 그러나 굴하지 않고 버텼고, 그들을 감복시키기도 했습니다. 이러한 용기는 한국관광공사 상임감사 때 행한 국회에서의 증언을 놓고, 다른 공기업과의 분쟁에서도 발휘됐습니다.

상대방이 이 사안을 법원으로 가져가겠다고 겁을 주었을 때, 그는 "그것은 내가 바라던 일이다. 법원에서 법적으로 옳고 그름을 가리자"고 맞섰으며, 법원으로 가기에 앞서 상대방이 후퇴하는 결과로 매듭지어졌습니다.

임용혁 님은 가슴이 따뜻한 사람입니다. 아직 성공하기 전부터, 버려진 사람과 어려운 사람을 도왔습니다. 경기도 파주에는 '적군묘지'가 있습니다. 6·25전쟁 때 우리 땅에서 죽은 중국군, 북한군, 그리고 남파간첩으로 사살

됐거나 처형된 사람들을 묻은 곳입니다. 그 이름을 아는 국민도 많지 않은 터에, 그는 일찍부터 이곳을 찾아 위령제를 지내기도 했습니다. 이때 그는 "죽은 영혼은 더 이상 적이 아니다"라는 명언을 남겼습니다. 같은 마음가짐에서, 그는 빵집을 운영하던 때 천주교 신부와 손을 잡고 굶주린 사람들에게 거의 매일 같이 빵을 나눠주었습니다.

임용혁 님은 육군 병장 출신입니다. 안보관이 투철합니다. 그래서 독도지킴이운동에도 적극적으로 참여해왔습니다. 체육부장관 출신인 박세직 예비역 육군 소장이 향군회장으로 있을 때, 임용혁 님이 걸어온 삶을 높이 평가하고 국가안보를 위한 노력에 주목해 향군 부회장으로 발탁했습니다. 예비역 장성이 아니면 오를 수 없는 이 자리에 병장이 올랐던 사례는 전무후무합니다.

소년 시절부터 바이올리니스트를 꿈꿨으나 경영인과 행정인으로 자리를 잡은 임용혁 님의 이 책이 오늘날 좌절에 빠져 산다는 말을 듣는 젊은이들에게 용기를 주는 책이 되기를 바랍니다. 이 글의 앞에서 썼듯, "사람은 정직하고 성실하게 살아야 하고, 그렇게 살아온 사람에게 하늘은 반드시 좋은 보답을 베풀어 주신다"는 선현의 가르침이 헛말이 아니며 진실임을 믿게 해주는 이 책이 많은 젊은이에게 희망의 지표가 되기를 바랍니다.

김학준
전 동아일보사 사장·회장 · 현 단국대학교 석좌교수

임용혁 의장님이 자신의 삶의 기록이라 할 수 있는 자그만 책을 준비하고 있다면서 A4용지에 120쪽이 넘는 원고를 보내 주셨습니다. 저녁 식사 후에 가벼운 마음으로 읽기 시작한 것이 시간 가는 줄도 모르고 늦은 시간까지 다 읽었습니다. 문장이 화려하거나 글이 재미있어서가 아니라 같은 시대를 살아온 사람으로서 시대의 어려움과 아픔을 함께 공감할 수 있었기 때문입니다. 왜 자신을 명동 파랑새라 했는지 알았습니다. 파랑새는 예로부터 길조로 여겨 왔으며 희망의 새라고 합니다. 아무리 힘들고 어려운 여건이라 해도 성실히 열심히 솔선수범하며 노력하면 뜻을 이룰 수 있음을 인간 임용혁은 자신의 삶을 통해 보여 주고 있습니다. 명동 파랑새는 전봇대 꼭대기에서 굴러가는 듯한 날개짓이 독특한데 그렇게 비상할 수 있음을 보여 주고 있습니다.

시골 농촌에서 출생하여 중고등학교 시절 바이올리니스트의 꿈을 안고 노력했지만, 그 꿈을 이루지 못하고 군 복무를 마친 후 빈손으로 상경, 숙식을 해결하기 위해 명동 다방에서 청소하는 일부터 서울의 삶을 시작합니다. 그 다방의 총지배인이 되고 주변의 권유로 또 새로운 사업을 시작하고, 사업에 성공하면서 어려운 이웃을 돕는 봉사활동과 재향군인회 등 활동을 열심히 하고, 지역 국회의원의 권유로 구의회 의원이 되고, 서울시 중구의회 의장의 자리에까지 오를 수 있었던 원인이 무엇이었을까요. 진부한 얘기입니다만 그것은 성실, 노력, 솔선수범, 원칙, 봉사 등 우리가 흔히 일상에서 말하는 삶의 기본들을 말이나 구호가 아니라 몸으로 직접 실천해 왔기 때문에 이룰 수 있었던 것입니다.

물론 누구의 경우에도 그렇듯이 임용혁의 삶에도 양지만 있었던 것은 아닙니다. 어머님의 치매, 아들의 아픔, 7년여 넘는 건물 소유권을 둘러싼 송사 등 어려움이 있었지만, 이 또한 '지나가리라', 그는 인내로써 이 모든 어려움을 이겨 냈습니다.

지금 이 시대 대한민국은 의롭고 솔선수범하는 그리고 미래 비전을 제시함으로써, 우리들에게 꿈과 희망을 심어 줄 수 있는 리더가 필요합니다. 임용혁 의장이야 말로 그의 삶을 통해 보건대 그런 분이 아닌가 생각합니다. "만약 안 되는 것이 있다면 그것은 내가 최선을 다하지 않았다는 것"이라는 그의 말을 들으면서 '내로남불'에 젖어 있는 요즘 정치권 인사들과는 전혀 다른 그의 면모를 보게 됩니다.

코로나로 힘든 천만 자영업자분들, 꿈을 잃은 채 방황하고 있는 우리들 특히 미래를 이끌어갈 청소년들이 이 책을 통해 인간 임용혁이 개척해 온 삶을 본받아 어려움을 극복하는 힘을 얻을 수 있다면 참으로 고마운 일입니다. 그래서 하루빨리 이 책이 출판되기를 기대하며 출간을 축하합니다.

아울러 명동 파랑새 임용혁 의장이 전봇대에서 구르듯이 힘찬 날개짓을 하며 저 푸른 창공을 향해 비상할 때, 우리의 바람도 실현될 것이라 믿습니다. 건승하시길 기원합니다.

현경대
전 국회의원 · 전 민주평화통일자문회의 수석부의장

『명동 파랑새』를 읽으면서 나는 이런 생각을 했다. 보통 사람들은 누구나 자신의 꿈을 꾸며 살아간다고.

명문대학교를 졸업해 권력과 명예를 쥐는 미래를 상상하거나, 돈을 많이 벌어 성공한 사업가가 되려고 한다. 자신의 개성을 살려 한 분야에서 큰 명성을 얻게 되길 희망한다.

저자는 평범한 가정에서 태어나 바이올리니스트라는 꿈을 이루지 못한 채 무일푼으로 서울에 올라왔다. 설움과 고난이 연속된 삶의 고비 고비에서 속 깊은 아버지의 부정(父情)을 헤아리지 못한 채 매정한 아버지를 원망하고 서러워했을 20대 청년의 심정이 얼마나 가슴 아팠을까.

독자의 한 사람으로서 읽는 내내 가만히 마음이 아팠다. 인간은 이기적인 동물이다. 나를 우선시하는 것은 당연한 본능이지만, 과거에 비해 이타심이 사라진 요즘이다. 저자는 약자를 위로할 줄 아는 사람이다. 나눔의 실천이 삶의 한 축이 되었다.

그는 최악의 환경에서 성실과 모범으로 앞을 개척하는 모습을 보여줬다. 운명의 신은 가혹했지만, 그는 무쇠 같은 생명력으로 이를 극복해왔다. 배고픈 사람에게는 빵을, 부조리한 곳에는 용기와 정의를, 국가안보에서는 원칙과 용맹을 발휘했고, 조직에서는 솔선수범을 통해 구성원들에게 감화 감동을 줬다.

이 시대 대한민국은 의롭고 진지한 자세를 가진 리더가 그 어느 때보다 절실한 시기이다. 저자는 위기 때마다 혜안과 깊은 통찰력을 발휘해 더 나은 환경으로 도약하는 재주가 있는 사람이 아닐까 싶다. 꿈을 상실한 채 힘든 환경에 처한 우리들, 특히 미래를 이끌어갈 청소년들, 코로나로 힘든 천만 자영업자들이 이 책을 읽고 용기와 희망을 다시 꿈꿀 수 있을 것이라고 생각하며 이 책을 추천한다.

"만약 안 되는 것이 있다면 그것은 내가 최선을 다하지 않았다는 것"이라는 저자의 말은 깊은 공감을 불러일으킨다. 많은 곤경을 딛고 이겨내온 체험에서 우러나온 값진 인생론이다.

정수성
전 국회의원 · 전 육군대장

역사적 거장의 경이로운 조각상을 직접 대면했을 때 저도 모르게 감탄과 경이로움을 금치 못한 기억이 아직도 생생합니다. 인체에 대한 깊은 연구와 고뇌, 그리고 놀라운 상상력의 조화는 오늘날까지도 전 세계 사람들에게 무한한 감동과 영향을 전하는 예술품으로 남아 영감을 주고 있습니다. 미켈란젤로는 자신의 조각 작업을 단 한마디로 정의했습니다.

'이 조각상은 대리석 안에 이미 존재하고 있었다, 나는 석재의 불필요한 부분을 제거했을 뿐이다.'

『명동 파랑새』…. 진정한 꿈과 희망을 찾아가는 여정을 적어 내려간 임용혁 저자의 글을 보면서 말레이시아 문화관광부 대사이자 백작으로서 한국과 말레이시아의 가교 역할을 오랜 기간 수행해온 저는 깊은 동질감을 느꼈습니다. 읽고 난 뒤에도 진한 여운이 남는 글입니다. 무모하다 싶을 만큼 '도전적'이고, 바보 같다 할 만큼 '근면'하며, 답답하다 싶을 정도로 '정직'하게 살아온 임용혁 저자의 인생은 어떻게 그가 무일푼 인생에서 하나씩 성취를 이루어 나가 오늘날 대한민국의 정치, 문화, 경제 중심지인 명동에서 영향력을 끼치고 귀감이 되는 인물이 되었는지를 명쾌하게 설명해 주고 있습니다. 남들은 '안 된다' 할 때 임용혁 저자는 '어떻게 하면 될까?'를 고민했고, 그 결과 임용혁 저자는 미켈란젤로와 같이 대리석에 있던 오늘날의 임용혁 저자의 모습을 조각해 낼 수 있었습니다. 바로 이것이 인생을 마주한 '해석'의 차이입니다.

우리가 살아가는 '현재'는 어느 때보다도 빠르게 변화하고 있습니다. 새로운 기술, 새로운 경제, 새로운 교육 등 어찌 보면 과거에 비해 넘치도록 풍요진 시대에 오히려 우리의 삶은 더욱 피폐해지고 있는 게 아닌지 돌아

봅니다. 언제부터인지 '돈', '명예', '권력'이 우리가 사는 세상의 주인 노릇을 하고 있습니다. 바닷물을 마시듯 채워도 채워도 차지 않는 욕망에 허덕이는 우리에게 『명동 파랑새』가 전하는 메시지는 아주 간결하고 강력합니다.

'진정한 희망'은 '많이 가지는 것'이 아니라 '나누는 것'이고, '나' 혼자가 아니라 '우리'가 함께 이뤄가는 공동의 목표이고 책임이어야 한다는 것, 바로 그것입니다.

'기회가 없다.' '절망적이다.' '돈이 없다.'

우리가 처한 상황은 변하지 않습니다. 하지만 그 상황에 처한 내가 바뀌면 상황이 바뀌기 시작합니다. 완벽한 조건이나 환경은 존재하지 않으며, 완벽한 사람도 존재할 수 없습니다.

임용혁 저자의 『명동 파랑새』는 이 시대를 살아가는 우리에게 어떻게 행복을 조각해 가야 하는지, 진정한 행복이 무엇인지를 다시금 고민하게 합니다.

행복을 노래하는 파랑새, 당신의 파랑새는 언제나 가장 가까운 곳에 있습니다.

이진복

말레이시아 문화관광부 대사 · 백작

나는 임용혁 선생이 쓴 『명동 파랑새』를 단숨에 다 읽었다. 저자의 걸어온 길은 말 그대로 감동이었다. 그래서 '개천에서 용이 났다'라는 표현이 저자에게 참으로 잘 어울릴 듯싶다. 지금 대한민국은 학벌과 돈을 대물림하는 금수저들이 모든 분야를 꽉 잡고 있다. 저자 임용혁 선생은 경주 변두리 시골에서 바이올린 연주가의 꿈을 키웠으나 실패하고 무작정 서울로 왔고, 노숙 생활을 하면서도 잡초처럼 다시 일어났다. 서울의 중심인 중구, 중구의 중심인 명동에서 바닥의 삶을 딛고 경영자가 되었다. 명동 소상공인들의 애환을 누구보다 잘 알기에 그들을 보듬고, 고아와 노인, 장애인들을 사랑으로 돌보며 어느덧 중구의 텃새인 파랑새가 되었다. 그는 중구의 구의원으로, 그리고 중구 의회의 의장을 맡으며 중구의 마당발 일꾼으로 일해왔었다.

이 책을 읽으면서 깨달은 것은 그가 어떤 직책을 맡든 그것이 소명인 줄 알고, 진실과 정직 그리고 천부적 부지런함으로 이웃을 섬기는 사람이라는 점이다. 그러면서 그는 흔들림 없는 소신을 갖고, 창의적으로 일을 만들고 추진할 줄 아는 분이라는 것이다. 그래서 그는 과거 한국관광공사의 상임감사로 일했던 경험을 토대로, 관광 한국의 중심인 명동을 다시 살리기 위한 꿈을 가지고 있다. 나는 이 책을 읽으면서 '대한민국을 세계적 관광명소로 만들겠다'는 그의 당찬 포부와 꿈이 반드시 실현되리라고 본다. 또한 그가 관광공사 상임감사를 지냈을 때의 정책 추진력과 병장 출신으로 장군들과 함께 일했던 대한민국 재향군인회 부회장 때의 헌신성, 서울 중구의회 의장 시절의 경륜을 살려 진정한 일꾼으로 자리매김하리라 믿는다.

생명을 포기하고 싶을 정도의 깊은 절망에 빠졌을 때, 우연히 발견한 강철왕 카네기의 글이 그를 다시 일으켜 세웠다. 카네기의 책을 읽은 사람은 많이 있지만, 카네기의 처세술, 인간관계, 이웃 사랑을 실천하며 걱정을 멈추고 적극적으로 추진하는 힘, 즐겁게 사는 법 등을 실천에 옮겨 승리한 사람은 임용혁 선생이 모델이라고 본다. 방황하는 젊은이들과 힘겹게 살아가는 독자들에게 이 책이 용기와 희망의 메시지가 될 것으로 확신하면서 강력히 추천하는 바이다.

정성구 문학 · 철학 · 신학박사
전 총신대 총장 · 대신대 총장

『명동 파랑새』 출간을 진심으로 환영하며 축하한다. 이 책이 젊은이들에게 희망을 주고 우리 사회의 아픔을 해결하는 디딤돌이 되기를 바란다. 필자가 저자 임용혁을 알게 된 것은 그가 서울시 중구 의회 의장으로 재직하던 때였다. 역사학 교수였던 필자와 학문 토론을 하게 된 것을 계기로 교류가 시작되었다. 지금도 그렇지만 임 전 의장은 언제나 젊고 단정한 외모에 우아한 매너로 좋은 인상을 주었다. 그 후 우리의 만남은 부단한 소통과 대화를 통해 유익하고 돈독한 우정으로 발전하여 오늘에 이른다.

『명동 파랑새』는 임용혁이 편견과 역경에 맞서서 살아왔던 자신의 인생 여정을 솔직하게 털어놓은 자서전이다. 저자가 걸어온 길을 더듬어 보면서 다사다난했던 시절에 일어났던 일들의 인과관계며 자신이 경험했던 사건과 사실을 꼼꼼하게 기술했다. 그때그때 떠올랐던 감정적 반응과 느낌, 복잡하게 얽힌 심리적 흐름까지 상세하게 묘사했기 때문에 책을 통해 인간 임용혁의 진면목을 알 수 있다. 젊은 시절 방황하던 모습까지 감추지 않고 다 드러내기까지 용기가 필요했을 것이다.

필자는 평생을 역사학도로서 역사를 공부하면서 살아왔다. 엄격한 잣대로 살펴볼 때도 저자 임용혁은 제대로 시대를 만나면 자신의 역량만큼 크게 성장할 수 있는 훌륭한 인재라고 본다.

『명동 파랑새』는 획기적인 부동산 문제(주택난) 해법을 담고 있다. 건축 디자인을 통해 관광명소를 만들고, 이 시대 가장 큰 아픔인 주택난이 해결될 것으로 확신한다.

이길용 문학박사
동국대 명예교수

임용혁 선생이 쓴 『명동 파랑새』 출간을 축하드린다.

인간이 추구하는 행복의 가치와 삶의 철학은 지식이 아닌 몸으로 깨달아 가는 것임을 임용혁 선생과 공유하고 있다.

임 선생이 명동성당에 몸을 담고 종교적 삶을 추구할 때, 대부인 다니엘 씨가 멘토 역할을 했다. 또한 나는 김수환 추기경께서 "사랑을 머리에서 가슴으로 내리는 데 70년의 세월이 필요했다"고 한 것을 임 선생 스스로 삶에서 깨달아 실천하고 있는 것을 높이 산다.

임용혁 선생과의 인연은 10년쯤 세월이 지난 것으로 안다.

그는 과묵하고 항상 새로움을 추구하는 기품 있는 인격을 가진 사람이다. 그와 차 한 잔 나눌 시간이면 국가와 민족의 미래에 대한 고민, 지나온 시간에 명동과 관광공사, 향군회에서 미처 못다 한 일과 각 분야의 발전 가능성에 대한 그의 비전을 듣곤 했다.

임 선생 젊은 날의 삶 전체가 도전이었으며, 고비가 닥칠 때마다 이를 이겨내 온 인내로 점철됐다. 그는 창의적일 뿐 아니라 이기적이거나 이중적인 자세를 배제한 공정에 기반을 두며, 어려운 이웃을 먼저 생각한다.

임 선생은 혼탁한 대한민국의 현실 속에서 작은 밀알이지만 주어진 자리에서 국가와 민족을 위해 목숨도 던질 수 있는 조국애 넘치는 사람이라는 것을 나는 알고 있다. 어디에 가도 임용혁 선생을 추천하는 데 있어 부끄러움이 없다.

일석 **안석영**
도예가

들어가는 말

세계가 코로나19 팬데믹으로 고통받고 있는 요즘, 한국 사회는 이보다 더 무섭고 고통스러운 사회 문제로 골머리를 앓고 있다. 필자는 미래 대한민국의 초석이 될 젊은이들이 일자리 부족과 취업난에 허덕이고 있는 것이 안타깝다. 부동산 가격 폭등으로 청년들의 내 집 마련 꿈이 점점 멀어지고 있는 현실도 절망스럽다. 꿈과 희망을 주지 못한 우리 같은 아버지 세대는 자녀 세대에 대해 역사적 부채를 짊어지고 있는 셈이다. 기성세대의 한 사람으로서 깊은 죄책감과 부끄러운 마음에 용기를 내어 펜을 들었다.

필자는 공정과 정의가 무너진 사회 환경 때문에 고통과

상실감 속에서 살아가고 있는 청년들에게 내가 겪어온 삶의 이야기를 들려주고 싶다. 돌 틈에서 자라나는 풀은 악조건을 이겨내느라 더 강인한 생명력을 갖기 마련이다. 사람의 진면 목도 역경 속에서 드러난다. 수많은 난관이 필자의 앞길을 가로막았지만, 매 순간 포기하지 않고 나름의 길을 개척해왔다.

지난 삶을 회고하면 어느 때고 상실과 절망뿐이었다. 누가 인생이 짧다고 했던가. 인생은 길다. 어떤 어려움이 닥쳐도 희망적인 미래를 설계하고 꿈꾸면서, 깊이 고민하고 최선을 다한다면 늘 해법은 있다. '안 된다'는 말 속에 '된다'는 의미가 반드시 따라다닌다는 확고한 철학이 오늘의 나를 만들었다.

젊은이들이여 희망을 가져라. 지금의 어려움은 신이 그대에게 준 값진 선물이다.

한국 사회 대부분 구성원에게 고통과 좌절을 안겨준 난제는 부동산 문제다. 문재인 정부의 국토부에서 부동산 정책을 20여 차례 내놓았지만 모두 실패했다. 그 원인을 알아야 해법을 찾을 수 있다.

주택난은 수도권의 문제이다. 중앙정부와 똑같은 법을 적용한다면 지방자치가 필요치 않다. 진정한 지방자치는 그 지역 특성에 맞게 상위법에 의한 조례를 제정하여 발전시켜 나가야 한다. 필자는 우리나라 주택난의 해결책은 명동 지구 단위계획에 답이 있다고 확신한다. 역세권의 용적률과 건폐율을 혁신적으로 높여 융주상복합 건물로 바꾸는 것이 그 계획의 핵심이다. 각 역세권만의 스토리텔링을 반영한 건축 디자인을 통해 서울을 세계적 관광명소로 만들어야 한다. 미력하게나마 이 시대 아픔인 주택난을 해결하기 위한 구체적 해법을 책에 담았다.

남의 아픔과 고통은 남이 아닌 우리의 공통된 몫이다. 진정한 희망은 소수 영웅이 아니라, 평범하지만 이웃의 아픔에 공감하면서 묵묵히 일하는 시민들 속에서 나온다는 믿음으로 글을 썼다.

실패와 좌절을 두려워하지 않는 마음의 힘을 갖는 것이 중요하다. 절망에 빠진 젊은이들, 자영업자들, 우리가 알지 못하는 곳에서 고통받는 많은 사람들이, 지나간 내 삶의 역정을 통해 조금이라도 위로를 받고 희망의 등불을 다시 켤 수만 있게 되면 좋겠다.

자서전을 마무리하면서 나는 지난 삶을 통해 양심 깊은 곳에 소우주 세계가 있음을 깨달았다. 소우주 세계의 삶은 내가 아닌 타인을 위한 삶인 것이다.

그곳에는 두려움도 미움도 없고

오직 사랑과 미소만 있을 뿐이다.

그 삶이 후회 없는 삶이 아닐까 생각한다.

차례

1

희망은 늘 있어,
더러 안 보일 때가
있지만…

2

쓸모없는
세월은 없다

3

세상에
공짜는 없다

4

구름이 어디로 흐를지
누가 알까마는

5

언제나 사람의
마음이 먼저다

6

아무 할 일이 없을 땐
아무것도 안 하는 게
제일 좋다

7

정치가 고귀하고
신성하다고?

봄이다. 의욕이 넘쳤다.
노력은 배신하지 않고 정의는 이기는 법이다.

1

희망은 늘 있어,
더러 안 보일 때가 있지만…

동상이몽

제대할 날만 손꼽아 기다렸다. 먼저 제대한 선임병이 정말 면회를 왔다. 이것저것 이야기하던 중에 제대하면 같이 사업을 하자고 했다. 나름 계획을 세워놨다고 했다. 제대해도 별다른 계획이 없었던 터라 선뜻 그러자고 했다. 원래는 부산으로 갈 생각이었다. 실기시험을 망쳐 대학에 떨어진 후 한동안 방황하다가 집 떠나 처음 간 곳이 부산이었다. 서면의 동양 다방은 음악다방이었다. 지역의 FM 방송에서 DJ로 활동하던 최명호 씨가 DJ를 하고 있었다. 그는 내가 대학에 들어가기 위해 바이올린을 배웠고 경주 중고교 6년간 밴드부였다고 하자 DJ 일을 한번 해 보라고 했다. 허드렛일을 하면서 음악을 듣고 배웠다.

당시로선 희귀한 드립 커피 내리는 법도 익혔다. 할 만했다. 재미도 있었다. 어른들도 잘 대해 주었다. 드립 커피숍을 잘 운영하면 돈이 될 것 같았다. 틈만 나면 돈 벌 궁리에 빠져들었다. 밑천이 필요했지만, 부지런히 모으면 가능할 것 같기도 했다.

방황의 세월을 끝내고 뭔가를 하려는 때 영장이 나왔다. 고된 훈련을 마치고 자대에 배치되었다. 5사단 군악대 클라리넷 연주병이었다. 경주 중고교 6년간의 밴드부 경력 덕분이었다. 선임병이 있었지만 중요할 땐 내가 나섰다. 나의 연주 실력이 더 좋았다. 선임병과는 잘 지냈다. 그는 제대 후 함께 사업을 하자고 했다. 별 뜻 없이 그러자고 했는데 어느새 군대 3년이 흘러갔다. 나는 부산에 가고 싶었다. 그나마 연고가 있었던 부산이 편하게 느껴졌다. 하지만 선임은 서울로 가자고 했다. 서울에 가야 뭐든 할 수 있다고 했다. '말은 제주도로 보내고 사람은 서울로 가야 한다'고 했으니 그럴 법도 했다.

1984년 8월 초 서울역에 도착했다. 제대한 지 일주일여 만이었다. 서울은 과연 볼 만했다. 서울역은 다양한 사람들과 높은 건물에 둘러싸여 있었다. 그 광경을 보면서 우리는 한껏 들떠 있었다. 곧 우리 세상이 될 것 같았다. 직업안내소의 문을 두드렸다. 일자리가 많을 것 같았으나 그렇지 않았다. 둘이 함께 일할 곳은 더욱더 없었다. 결국, 따로 일자리를 구하기로 하고 저녁에 종근당 앞에서 만나기로 했다.

날품 일을 하다가 저녁이 되어 종근당으로 향했다. 6시가 지나고, 7시도 지났다. 선임은 나타나지 않았다. 9시가 다 되었다. 그래도 그는 나타나지 않았다. 큰일이다 싶었다. 주머니에 단돈 만 원밖에 없었다. 아버지가 챙겨 준 20만 원은 그가 가지고 있었다. 공동 사금으로 맡기고 난 비상금만 들고 있었다.

밤 10시가 지났다. 포기할 수밖에 없었다. 서울역 대합실로 기어들어 갔다. 아는 곳이 그곳뿐이었다. 종일 돌아다니고 기다리느라 힘들었지만 잠이 오지 않았다. 처음 해보는 노숙인데다 약속 장소에 나타나지 않은 선임 때문에 생각이 많았다. 언제 잠들었는지도 몰랐지만 깜빡 잠이 들었다. 눈을 뜨자 혹시 하며 주위를 둘러보았다. 선임이 옆에 있으면 얼마나 좋을까 했지만, 어디에도 그는 없었다. 일자리를 찾는 것보다 그를 찾는 일이 더 중요했다. 600원짜리 짜장면으로 하루를 보내고 저녁에 다시 종근당 앞으로 갔다.

서울 길을 잘 모르니 못 찾았을 수도 있는 일이었다. 돈 20만 원 때문에 그토록 많은 이야기를 나누며 꾸었던 꿈을 포기하고 사라질 사람이 아니었다. 오가는 사람이 모두 행복해 보였다. 돌아갈 곳이 있다는 건 참 좋은 일이었다. 그는 여전히 나타나지 않았다. 밤이 깊었고 다시 서울역 대합실로 향했다.

노숙 이틀째였다. 낮엔 일 찾아다니고 저녁엔 선임병 찾아다니던 날들이 훌쩍훌쩍 지나갔다. 주머니의 만 원이 매일매일 줄어들었다. 그렇게 보름여, 하루 짜장면 한 그릇이 전부인데도 어느새 주머니가 바닥났다. 집으로 돌아가야겠다고 생각했다. 더 있다가는 굶어 죽을 판이었다. 그러나 갈 수도 없고, 가서는 안 되는 일이었다. 큰소리 뻥뻥 치며 떠나왔는데 보름 만의 귀향을 어찌 설명할 것인가.

아버지는 경주를 떠나던 날 내게 말씀하셨다.

"집에서 최대한 멀리 떨어져 너 스스로 인생을 개척해라. 젊은 시절 고난은 신이 준 축복이니 거스르지 말고 부딪쳐라."

아버지는 속을 알 수 없는 분이었다. 이해하지 못하신다면서도 아들의 뜻을 꺾지 않고 목숨과도 같은 소를 팔아 바이올린을 사 주었다. 하지만 그뿐이었다. 한 번도 따뜻한 정을 주지 않았다. 아주 오랫동안 아버지를 보지 않았다. 섭섭함이 가슴 가득했다.

나는 오랫동안 아버지를 오해하고 있었다. 그저 헛기침 한 번으로 모든 의사를 표현하는 과묵하고 정 없음이 옛날 경상도 아버지들의 모습이었지만 미처 알지 못했다. 아버지는 고교 시절 내가 그토록 원하던 스즈키 바이올린을 사 주었다. 바이올린을 반대하면서도 목숨과도 같았던 소를 팔았다. 그야말로 감동이었지만 아버지는 '소 팔아 바이올린 산 것'을 두고두고 후회하고 있다고 생각했다. 왜냐하면 그 후로 나나 나의 바이올린에 대해 정을 보이지 않았기 때문이었다.

하지만 아니었다. 원래 그런 분이었다. 가타부타 말없이 멀찍이 떨어져 쳐다보며 가야 할 길을 가리키고 있었다. 그러나 그것을 알 턱이 없는 나는 아버지에 대해 늘 불만만 많았고 더러는 '난 아버지 없는 고아'라고 생각하기도 했다.

아버지는 바이올린을 사 준 것 빼고는 내게 해 준 게 없었다. 군대 갈 때 소주 한 잔 따라준 게 전부였다. 우리보다 훨씬 못한 집에서도 면회를 오건만 아버지는 내가 군대에 있는 동안 단 한 번도 면회를 오지 않았다. 제대 후 불과 며칠 후 달랑 20만 원을 내주곤 떠나라고 했다. 얼마나 보기 싫었으면 그랬을까. 그때 나는 결심했다. 다시는 돌아오지 않겠다고. 내가 아버지를 제대로 알게 된 것은 아버지가 이미 세상을 떠난 뒤였다.

훗날 민선 서울 중구 의회 의원으로 당선되던 날 어머니가 말씀하셨다.

"열여섯에 시집을 와서 아버지가 한 번도 약한 모습을 보인 적이 없었는데 너를 군대 보내는 날 소주 한 잔을 나누면서 몸조심해서 잘 다녀오라고 말씀을 하셨지. 눈물이 글썽하셨고, 제대 후 일주일도 안 돼 서울로 떠나보내던 날 밤 아버지는 밤새 통곡을 하셨다."

어머니는 그 이후 3년 동안 아들 소식이 없자 많은 걱정을 하셨다. 어머니는 가슴 아파했다. 어머니조차도 아버지를 원망하고 야속해 했다. 아버지의 깊은 부정을 헤아리지 못했다. 가슴 아프지만, 아버지는 아들이 고향을 떠나 고생을 해야만 지금의 순간을 맞이할 거라는 생각을 이미 갖고 계셨다는 것을.

그날 어머니로부터 말씀을 듣고 하루 종일 가슴이 메 아무 일도 할 수 없었다. 지금 내 앞에는 어머니만 계시기에.

아버지는 나를 늘 자랑스럽게 생각했다고 했다. 멀리 떠나보낸 것도 큰 사람을 만들기 위해서였다고 어머니는 말씀하셨다.

"그래도 너한테만은 각별했다."

"무슨 말씀이세요. 나는 평생 아버지 정 한번 못 느끼고 살았는데 뭐가 각별했다고 그러세요."

"원래 그런 양반이야. 생각이 깊기도 하고. 아버지는 네가 경주고등학교에 합격하던 날 굉장히 기뻐했지. 인근에서 경고에 들어간 사람은 너 하나밖에 없었으니까."

"바이올린 사느라 소 판 걸 늘 후회했죠."

"그건 이 에미가 말렸지. 그런데도 아버지가 우겨서 그렇게 한 거야. 소는 또 살 수 있지만 바이올린은 지금 안 사주면 아무 소용없다고 하셨지. 그런데 후회를 왜 해. 음악이 뭔지도 모르면서 네가 바이올린 켜고 있으면 얼굴이 흐뭇하게 변하곤 했지."

정말 모를 일이었다. 어떻게 그런 일이 있었단 말인가.

그래 죽어도 여기서 죽자. 설마 죽기야 하겠느냐. 서울역 대합실을 끼고 살자. 돌아갈 수 없어 할 수 없이 마음을 굳혔으나 막상 굳히고 나니 마음이 편안했다. 때마침 일거리도 생겼다. 얼굴에 기름기가 가셔가던 어느 날이었다. 어떤 아주머니가 나를 한참 보더니 말을 걸었다.

"일할 자리가 있는데 한 번 해보겠어? 당분간 월급은 없고 대신 충분히 먹여 주고 재워 줄 수는 있지."

서울역 대합실도 넌더리가 나고 짜장면 한 그릇 사 먹을 돈도 끝나갈 때였다. 밀고 당기고 할 게 없었다. 그저 고마운 마음에 두말없이 따라나섰다.

그날 이후 10년이 지난 어느 날 가을. 명동 거리에서 선임병을 만났다. 어찌나 반가운지 나도 모르게 껴안고 말았다. 과거의 원망과 고통을 잊은 채 너무나 반가웠다. 이야기

• 필자가 선임병(오른쪽)의 전역을 축하하고, 경기도 전곡에서 함께 기념촬영을 했다.

를 나누다 보니 엄청난 오해가 있었음을 알게 됐다. 당시 서울에는 종근당이 몇 군데 있었다. 그 선임병은 택시를 타고 다른 종근당 앞에서 기다렸다고 한다. 그는 그다음 날도 기다렸다. "네가 안 오니까 괘씸했다. 어디 다른 데 취직하고 나를 잊은 거 아니냐" 생각하며 지난 10년간 오히려 그 선임병도 나를 원망했다고 한다. 동상이몽이란 이런 일을 두고 하는 말일 것이다.

명동 늘봄 인연

경리 직원이 주인에게 밥 많이 먹는다고 구박당하는 나에게 매일 칼국수라면 1개씩을 사주었다. 나에게는 누님뻘이었다. 그 경리는 주인의 구박에도 성실하게 일하는 나를 눈여겨보다 늘봄다방에 소개해준 사람이다.

약수동의 작은 가게에 사장이 4명 있었다. 노부부와 부부는 서로 지시하는 것이 달라 뭘 해도 수시로 꾸중을 들었다. 지하에서 잠을 자고 지하 다방, 1층 잡화 매장, 2층 당구장에서 허드렛일, 중노동까지 닥치는 대로 모든 일을 했다. 일이 너무 고단해 보통 전임자들은 1~2개월도 못 버티고 그만두기 일쑤였다. 늘 잠이 부족했다.

그래도 고마웠다. 밥을 굶지 않았고 누추해도 잘 곳이 있었다. 처음 가게에 도착한 날 밥 세 그릇을 비웠다. 보름을 한 끼로 버틴 탓이었지만 아주머니는 기도 안 차는 듯했다. 매번 세 그릇을 먹을 덩치도 아니었으나 그 일로 아주머니는 내가 먹는 것에 대해 유독 신경을 곤두세우며 바라보았다. 어쨌건 배를 곯지는 않았다. 반찬 없이 밥만 먹어도 꿀맛이었다.

남편인 사장은 조금만 마음에 안 들면 욕을 아무렇지도 않게 내뱉었다. 일 처리가 미숙하면 험하게 밀치기도 했다.

이런 구박에도 열심히 일하는 나에게 주인은 2개월 후 월급을 올려주겠다고, 오래 근무하면 좋겠다고 했으나 나는 4개월 근무 후 늘봄과 인연을 맺게 되었다.

일이 조금씩 손에 잡혀가던 어느 날이었다. 가게로 나를 찾는 전화가 왔다. 세상천지에 아는 사람 하나 없는 서울에서 전화라니. 어리둥절해서 받았더니 얼마 전 그만둔 경리 직원이었다.

"명동에 다방이 있는데 월급도 꽤 주는 편인데 한 번 해보겠어요?"

생각할 것도 없었다. 언제 그만둘 수 있을까 기회만 보고 있는 터에 월급이 훨씬 많으니 망설일 필요가 없었다. 그 경리 직원은 맘씨가 고왔다. 원래 그곳 직원이었으나 사정이 생겨 잠시 이곳에 있다가 돌아간 것인데 마침 그쪽 다방에서 아무 일이나 열심히 할 사람을 뽑는다고 해서 나를 추천했다고 했다.

짐이랄 것도 없지만 바로 짐 싸서 명동으로 갔다. 새롭게 일할 곳은 늘봄다방이었다. 지금의 지하철 명동역 앞에 있었다. 약수동과는 비교가 안 되었다. 늘 사람들로 넘쳐나고 늘 환했다. 밤이 따로 없었다. 언제나 불빛 찬란해서 밤도 낮이나 다름없었다. 오히려 낮보다 밤이 더 화려했다.

경주 촌놈이라도 왜 명동인지 금방 알게 되었다. 명동은 예나 지금이나 대한민국 예술·문화의 메카이다. 그곳은 꿈으로 가득했다. 당시 가수나 연극배우, 연예인 지망생들이 명동을 비롯한 충무로, 퇴계로의 다방을 찾아다니면서 스타의 꿈을 키웠다. 늘봄다방은 그중 꽤 규모가 있는 커피숍이었다. 지하 1층에 지상 3층의 작지 않은 규모였고 종업원만 30명이 넘었다.

나는 24시간 그곳에 있었다. 출퇴근이란 게 없었다. 늦은 시간 하루 일이 끝나면 청소를 말끔하게 한 후 다방 테이블을 몇 개 붙여 놓고 잤다. 명동 늘봄다방 지하 1층. 그곳이 5년여간 나의 거주지였다. 명동 주민센터에 기록된 나의 주소지도 '명동 늘봄다방 지하 1층'이었다.

아침부터 밤늦게까지 웨이터로, 짐꾼으로, 청소원으로,

43

주방 보조로 눈코 뜰 새 없이 바빴다. '임 군'을 찾으면 즉시 달려갔다. 바쁘고 힘들었지만 일은 사실 아무것도 아니었다. 일이 끝난 후의 공포가 나를 더욱 힘들게 했다.

늘봄 직원은 30명이었다. 여직원이 21명이고 남자가 9명이었다. 여직원은 그렇지 않았지만, 남자들은 문제가 많았다. 대부분 적어도 한 번은 감옥에 다녀왔고 몸을 뒤덮은 문신을 보여주며 그걸 자랑스럽게 이야기했다.

사장이 퇴근하고 나면 늘봄은 그들 세상이었다. 군에서 점호를 하듯 매일 밤 점호를 했다. 신입 시절은 신입이라고 맞았고 조금 지난 뒤엔 사장이 총애한다고 또 맞았다. 일주일여가 지났을 때부터 사장은 어떤 일이든 군말 없이 열심히 하는 나를 잘 보고 있었는데 그것이 그들을 기분 나쁘게 했다. 신병 시절 군대의 밤도 무서웠지만 그래도 그곳은 늘봄의 밤에 비하면 아무것도 아니었다. 군대 선임병들은 그래도 상식적이었지만 이들은 지극히 비상식적이었다.

파란 하늘, 이중마개

무더운 여름철 농약 약품에 중독되어 쓰러지는 일이 비일비
재했다. 밤엔 잦은 구타와 낮엔 육체적 중노동에 나는 서서
히 지쳐가고 있었다. 주말도 없었다. 매주 주말이면 어김없
이 평택 어딘가에 있는 과수원에 갔다. 다방 주인이 땅 주인
이었다. 한 푼이라도 아끼려고 그랬는지 농약 치는 일을 내
게 시켰다. 그날도 1시간 이상 버스를 타고 30여 분을 걸어
과수원에 갔다. 살충제와 살균제와 물을 잘 섞어 희석한 농
약통을 걸머지고 한쪽 손으론 농약이 잘 나오게 펌프질을 하
고 한쪽 손으론 분무기로 농약을 살포했다.

　질통을 메고 한바탕 뿌리고 나면 탈진 상태가 되었다.

땀과 농약 물이 뒤섞여 온몸이 끈적끈적했고 눈은 온통 뻘겠다. 공중에 흩날리던 농약이 눈으로 들어와 눈물을 질질 흘리다가 화학약품이 잔뜩 묻은 손으로 비벼댔기 때문이었다.

늘봄 생활은 농약 뿌리는 일의 고통을 배가시켰다. 밤에는 다방 셔터를 내리고, 문을 잠근 뒤 열쇠는 지배인이 자기 집에 가지고 갔다. 말이 숙소지, 화재라도 발생한다면 뛰쳐나오지도 못한 채 꼼짝없이 갇힐 수밖에 없는 철감옥 같은 곳이었다. 겨울철에 감기에 걸려도 챙겨주는 사람 하나 없었다. 입맛이 없어도 일을 하려면 밥을 먹어야 했다. 꾸역꾸역 밥을 넘기면서 국그릇에 눈물을 쏟기도 했다. '눈물 젖은 빵을 먹어보지 못한 사람은 인생을 알지 못한다'는 말의 참뜻을 깨달았다. 설날 빼고는 360일 일하다 보니 심신이 지쳐갔다.

늘봄에서 구타와 폭력에 시달리는 비상식적인 밤과 농약으로 뒤범벅된 채 땀과 눈물을 쏟아내는 지옥 같은 나날. 순간 한 생각이 들었다. 왜 이러고 살아야 하는 거지. 내일은 좀 나아질까. 어제와 오늘이 똑같은데 내일이라고 달라질 게 없겠지. 덧없는 인생을 빨리 끝내고 싶은 마음 뿐이었다. 그래, 이제 그만하자.

하늘은 푸르고 아름다웠다. 땀과 농약이 뒤범벅되어 찌들 대로 찌든 채 보던 조금 전의 하늘과는 사뭇 달랐다.

'이제 곧 죽겠구나.'

고생만 뼈 빠지게 하는 세상, 아무 희망도 없는 세상, 미련 없었다. 아버지, 어머니의 얼굴이 떠올랐지만 달리 방법이 없었다. 뒷일은 알 것 없고 그냥 가면 그만이었다. 그런데 갑자기 억울하다는 생각이 들었다. 신문 뭉치를 들고 새벽 골목길을 달린게 억울했다. 바이올린을 배  우기 위해 대구까지 오간 것이 억울했다. 대학 입시 때 머릿속이 하얘지면서 연주도 마치지 못했던 것이 억울했다. 사나흘 쫄쫄 굶어가며 서울역 주변을 헤맸던 그 날들이 억울했다. 불 꺼진 다방 테이블 위에서 새우잠을 잔 세월이 너무 억울했다.

죽자고 마음먹자 갑자기 마음이 편안해졌다. 살충제 병을 들이켰다. 억울하다는 생각이 들었지만 그건 살충제 병을 쏟아부을 때 잠깐이었다. 마지막 하늘을 눈에 넣고 두 눈을 질끈 감았다. 그런데 약물이 들어오지 않았다. 정말 오랜 시간이 지난 것 같은데 한 방울도 떨어지지 않았다. 눈을 뜨고 살펴보니 병뚜껑 안에 플라스틱 마개가 하나 더 있었다. 위

험한 약물이다 보니 안전장치를 해 놓은 것이었다. 익히 알
았지만 죽자는 생각에 병뚜껑만 따고선 그걸 잊어버렸다.

플라스틱 마개를 뜯어내려고 했다. 그런데 오만가지 생
각이 다 들었다. 내가 왜 죽어야 하지. 죽을 짓을 한 것도 없
는데 왜 죽어야 하지. 이미 한번 죽었는데 또 죽을 이유가 있
나. 죽지 말라는 뜻이 아닐까. 죽는 것보다 사는 게 낫지 않
을까. 일단 오늘은 그만 죽자. 다음에도 얼마든지 죽을 수 있
는 거잖아. 살아야 죽을 수 있지. 이중마개를 발명한 사람이
궁금했다. 언제 기회가 닿으면 고맙다는 인사라도 해야지 싶
었다. 해가 지고 있었다. 더위도 한 풀 꺾였다. 한 줄기 바람
이 몸을 감싸고돌았다. 시원했다. 죽지 않길 참 잘했다 싶었
다. 죽었으면 땀을 씻어내는 이 청명한 바람 맛을 보지 못했
을 테니까.

철강왕 카네기

돌아오는 버스 안은 늘 피곤했다. 지칠 대로 지쳐 축 늘어져 잠에 빠져들었다. 그러나 그날은 조금 달랐다. 힘든데도 잠이 오지 않았다. 창밖을 스쳐 가는 풍경도 새로웠다. 건너편 자리에 책 한 권이 덜렁 놓여 있었다. 얼핏 '철강왕 카네기'라는 글자가 눈에 들어왔다. 뭐 뻔한 성공담이겠지 하면서도 특별히 할 일도 없고 해서 책을 집어 들었다.

카네기는 영국 스코틀랜드에서 태어나 12살 때 미국으로 건너갔다. 가난했던 그는 학교에 다니는 둥 마는 둥 하며 방적공, 기관 조수 등 여러 가지 일을 했다. 그가 전보 배달원으로 일할 때였다. 사방을 바쁘게 돌아다니다 보니 신발이다 해어졌다. 밑창이 나가 발바닥이 드러날 정도였다.

카네기는 떨어진 신발을 보며 탄식했다. 깨끗한 새 신발한 켤레만 있으면 참 좋겠다. 여기저기 마음 놓고 돌아다닐수 있으니 얼마나 좋을까. 아, 나는 왜 이렇게 돈도 없고 불행하지? 떨어진 신발을 보며 비탄에 빠져 있던 카네기는 맞은편에서 다가오는 한 사람을 보았다. 그는 뭐가 즐거운지행복한 웃음을 흘리며 걷고 있었다.

순간 카네기는 자신의 눈을 의심했다. 그는 외발이었다. 한쪽 발이 의족이었다. 카네기의 입속에서 아, 하는 외침이절로 터져 나왔다. 신발 신을 발조차 없는 사람도 저렇게 즐겁게 사는데 나는 뭔가. 카네기는 그때 깨달았다. 저 사람에비하면 자신은 너무 많은 것을 가진 행복한 사람이라는 사실을. 그리고 마음속 불만을 모두 씻어냈다.

운명인가. 안전 뚜껑을 따지 않아 죽지 못했는데 주운책 속에 용기를 내라는 한마디 말까지 얹어져 있다는 게 보통 일은 아닌 듯했다. 신이든, 뭐든 어떤 이끌림이 있다는 생각이 들었다. 그래 희망을 찾아보자. 희망이 없더라도 더 실망할 것도 없지 않은가. 완전히 밑바닥인데 지금보다 더 나빠질 것도 없겠지. 뭔가 다른 마음이 마음속에서 일어나고있는 것 같았다. 정확하게 뭔지는 모르지만 어쨌든 나쁜 느낌은 아니었다. 가볍고 산뜻한 기분이었다.

늘봄을 지켜낸 투혼

매일매일이 뻔한 생활이고 어제와 다를 것 없는 오늘이 또 시작되었다. 그러나 오늘은 어제와 달랐다. 그대로 죽었으면 맞이하지 못했을 하루였고 그것이 신기했다. 어떻게 그럴 수가 있지. 마음 하나 달리 먹었을 뿐인데 세상이 달라졌다. 어제의 늘봄다방이고 어제의 나고 어제와 같은 일이지만 오늘은 어제와 같지 않았다. 하는 일이 힘들지도 지겹지도 않았다. 모두 나를 위한 일이었다. 남을 위한 일이 아니었다.

　일을 찾아다니면서 했다. 설거지, 홀 청소, 서빙 등은 기본이었다. 군악대 시절 악기를 닦고 또 닦아 '광' 내던 실력을 발휘했다. 입구 계단의 황동 발걸이를 틈나는 대로 문질

• 부산의 음악다방에서 DJ로 활동하던 시절. 필자가 음악을 선곡하고 있다.

렀다. 물 걸레질을 한 후 마른 걸레질을 했다. 얼굴을 들여다
볼 수 있을 정도로 광이 날 때까지 계속했다. 매장도 구석구
석 깨끗하게 청소했다. 눈에 잘 보이지 않는 곳도 닦고 문질
렀다. 내 일이 아니라도 부탁하면 뭐든지 했고 갖은 허드렛
일들도 마다하지 않았다. 얼마 후 다방 전체가 훤해졌다. 얼
굴 표정이나 말투도 바뀌었다. 동료들이 한 마디씩 입을 댔
다. 더러 비아냥거리기도 했지만 개의치 않았다.

　"임 형, 뭐 좋은 일 생겼어? 왜 그래."

　"대충해. 누가 알아주는 것도 아닌데 뭘 그렇게 열심히
하시나."

　"저 친구는 늘 밝아서 좋아. 친절하기도 하고…."

52

나 때문에 다시 온다는 손님들이 있었다. 내가 뽑아내는 커피 맛이 인근 특급호텔보다 좋다면서 다시 찾는 단골도 생겼다. 처음 이상하게 쳐다보던 동료 종업원들도 달라졌다. 나를 좋아하는 동료들이 늘어났다. 더러는 인생사를 상담하기도 했다. 나 때문인지는 알 수 없지만, 다방 매출도 늘어났다. 주인도 내게 많이 친절해졌다. 통장의 잔고도 제법 쌓여갔다. 서울이 좋아졌다. 명동이 좋았다. 늘봄다방이 좋았다. 그러던 어느 날이었다. 한패의 구두닦이들이 다방으로 쳐들어왔다. 들어서자마자 사장 나오라고 소리쳤다.

사장을 둘러싼 40여 명의 구두닦이는 입으로 험한 욕을 쏟아내면서 손님들과 종업원들을 향해 번뜩이는 눈총을 날렸다.

구두닦이는 무시 못 할 조직이었다. 소위 말하는 건달과는 비교할 수 없지만, 보통의 장사꾼들에겐 건달들보다 더 무서웠다. 일반 사람들은 그런 게 있는지조차 몰랐지만 현실은 이랬다. 일반 영업점, 특히 다방은 매일같이 구두닦이들과 부딪쳤다.

다방을 돌아다니는 것은 비교적 어린 '찍새'였다. 구두를 닦으라고 권하지만 어떨 땐 손님들의 구두를 그냥 벗겨갔다. 손님들이 화를 내보지만 이미 구두를 가지고 사라진 뒤고 그들의 행패가 두렵고 귀찮아서 보통 참는 쪽이었다. '찍새'의 역할은 구두를 찍어서 건물 옆 '딱새'에게 가져다주는 일이었다. 구두를 전달하면 찍새는 또 다른 곳으로 헌팅을 나가고 딱새는 앉아서 구두를 닦았다.

딱새가 고참이고 찍새는 신참이거나 어린 사람이 주로 했다. 딱새 뒤에는 보통 2~3명의 두목급이 있다. 대부분 구두닦이 출신으로 밑에 사람이 들어오거나 할당을 많이 채워 위로 올라간 케이스로 일정한 일터를 가지고 있거나 새롭게 지역을 넓히는 일을 한다. 상권의 크기에 따라 이 패들은 10여 명에서 수십 명에 이르는데 '늘봄다방 구두닦이 조직'은 수십 명이 모인 제법 큰 조직이었다. 이들은 이날 가끔 '영업방해'를 하는 늘봄다방 사장에게 본때를 보이기 위해 작정하고 쳐들어온 것이었다.

그날 사건도 찍새가 싫다는 손님의 구두를 들고 튀는 바람에 발생했다. 그 장면을 사장이 보게 되었고 그 손님은 더욱이 일본인 관광객이었다. 사장은 구두닦이에게 핀잔을 주며 신발을 빼앗아 손님에게 돌려주었다. 구두를 빼앗긴 터에 다방 사장에게 혼까지 난 찍새는 당연히 딱새에게 이를 이르고 두목에게까지 보고했다. 그 과정에서 찍새는 혼나지 않으려고 사장에게 맞았다는 말까지 했다.

조직에 그건 작은 일이 아니었다. 조직의 애를 때렸으니 가만 있으면 안 되는 일이었다. 규모나 손님 수에서 상당 수

준인 늘봄다방을 그대로 놔둘 수 없었다. 이번 기회에 확실하게 손을 봐야 한다는 판단이었다.

사전 전략까지 짜고 들이닥친 그들이었다. 수십 명이 일부러 무례하게 행동했다. 두목은 들어서자마자 바로 2층으로 올라갔다. 사장이 2층에서 커피를 마시고 있다는 것을 이미 알고 온 터였다. 두목은 두말없이 바로 사장의 멱살을 잡고 밖으로 끌고 나갔다. 두목 근처의 서너 명은 당장이라도 뒤집어엎을 것처럼 으르렁거렸다. 그들 중 몇몇은 소매 사이에 칼을 숨기고 있었다.

직원들은 겁을 먹고 주저하거나 도망을 갔다. 이를 본 나는 뛰쳐나가 두목의 목을 잡고 땅바닥에 쓰러트렸다. 죽음을 경험했기에 두려움이 없었다. 내가 섬기는 사장을 우선 보호해야 한다는 생각뿐이었다.

평소 큰소리치던 직원들은 모두 어디 갔는지 하나도 보이지 않았다. 분위기가 심상치 않자 모두 숨어버렸고 몇몇은 꽁무니를 뺐다. 난생처음 상황이라 나 역시 겁이 많이 났지만 죽을 각오로 뛰어들었다.

순식간이었다. 내가 왜 뛰어들었는지, 어떻게 그를 눕혔는지 전혀 기억이 나지 않았다. 다만 쓰러진 두목이 일어서고 내가 다시 물러서면서 잠시 시끄러우면서도 조용한 대치 상태가 이어졌다. 구두닦이들은 씩씩거리며 들썩들썩했지만 두목이 말리는 바람에 더 이상 덤벼들지 않았다. 그의 목적은 겁을 주려는 것이지 일을 크게 벌이려는 것이 아니었다. 그러는 사이 경찰들이 출동하면서 상황이 수습되었다. 구두닦이들은 나에게 주먹질을 해 보였다.

"너, 두고 보자. 가만두지 않겠다"는 말까지 서슴없이 했다.

괜히 나섰나 싶었지만 이미 지난 일이었다. 그럴 생각이 없었는데 왜 그랬는지 알 수 없었지만 앞으로 밤길 조심해야 할 판이었다. 그런데 구두닦이들은 나를 귀찮게 하지 않았다. 그들의 두목이 "그 친구 배짱 있다"라며 내버려 두라는 투로 이야기했기 때문이었다. 그 일 후 그들과 친해졌다. 그 사건이 있고 난 이후 사장이 나를 보는 눈이 달라졌다.

2

쓸모없는 세월은 없다

초대 민선 향군 동회장 12년

1994년 재향군인회 민선 초대 동회장 선거에 나섰다. 예비군 동원훈련에 갔다가 우연히 소대장으로 발탁된 것이 계기라면 계기였다. 제대 후 동원훈련을 나간 어느 날 소대장이 되었다. 예비군이라도 소대장은 초급 장교나 부사관 출신이 주로 했다. 하지만 당시 중대장은 나를 콕 찍어 소대장에 임명(?)했다. 평소 성실하게 훈련에 임하는 걸 보면서 마음먹었다고 했다. 향군과의 인연은 그렇게 엉뚱하게 시작되었지만 나는 향군이 국가안보에 큰 도움이 된다는 판단하에 91년 이미 종신회원으로 가입했던 터였다.

　그것도 선거라고 나름 치열했다. 병장 출신의 동회장이

그리 많지 않던 시절이었다. 하사관이나 장교 출신들은 동회라도 향군은 자기들의 몫으로 여기고 있었다. 의무적으로 군에 가서 기껏 3년을 복무한 병장과 자원해서 군에 입대, 오랜 기간 나라를 지킨 자기들과는 뚜렷한 차이가 있다고 생각했다. 그들은 사병 출신 리더를 인정하지 않으려고 했다. 실제로는 향군의 90%가 사병 출신임에도 묘한 편견을 가지고 있었다.

하지만 그건 그들의 생각일 뿐 많은 향군의 생각은 그렇지 않았다. 병장 출신을 오히려 반기는 분위기였다. 나는 그동안 안보 집회가 있으면 빠지지 않고 참석했다. 사람을 동원해야 할 때면 주변 상인, 구두닦이 패들과 함께 나갔다. 그 구두닦이 패들은 내가 명동 동회장을 해보고 싶다고 하자 자기 일처럼 나섰다. 명동 동회장이었지만, 그들은 다른 지역 구두닦이들에게도 임용혁을 선전했다. 지역 예비군들도 적극적으로 나서 주었다. 예비군 훈련을 하면서 친해진 소대원들이 중심이었다. 숫자적으로 훨씬 우세했다. 결과는 볼 것도 없었다. 출발부터 앞서 있었던 터여서 일찌감치 승부가 났다.

향군 명동 동회장을 거의 12여 년간 했다. 향군 동회장이 하는 일은 사실 별것 없었다. 그렇다고 자리만 지키는 건 아니었다. 유사시를 대비한 조직이라 당연히 그렇지만 우리는 봉사활동을 하면서 나름 지역 사회 발전을 위해 최선을 다했다.

군대를 갔다 온 대한민국 남자는 누구나 향군 회원 자격이 있다. 하지만 사병 출신들은 대부분 향군에 관심이 없었다. 예비군 훈련을 하는 동안엔 그나마 관심을 가졌으나 그마저 마치고 나면 얼씬도 하지 않았다. 명예가 있는 것도 아니고 소득이 생기는 것도 아닌 터에 장군 출신 등 장교들이 주류를 이루고 있어서 그럴 수밖에 없었지만 나는 향토예비군이야말로 비상시 꼭 필요한 집단이라고 생각, 적극적으로 활동했다. 정치적 이해관계까지 알 필요는 없었다. 평상시엔 우리 동네를 위해 봉사하고 비상시엔 군 경력을 활용하여 내가 살고 있는 동네를 지키면 되는 일이었다.

자격자는 많은데 참여자는 많지 않은 것이 향군이다.

동회장이 된 후 종신회원 가입에 열을 올렸다. 예비역이지만 머릿수가 많아야 봉사든 뭐든 할 수 있지 않겠는가. 향군은 사람이 곧 힘이었다. 만나는 사람마다 향군의 필요성에 대해 이야기하고 왜 가입해야 하는지에 대해 설명했다. 더러는 짜증을 내기도 했다. 그럴 경우 바로 물러났다. 역효과만 날 뿐이라는 사실을 신문 배달 때 이미 터득했다. 중고교 시절 신문 배달 6년간 1만여 부를 확장, 장학금까지 받은 몸이었다. 잘난 체하며 떠들었다간 만남 자체도 힘들어지기 일쑤

• 국민훈장 석류장을 받고 인사말을 하고 있는 필자.

였다. 그저 끈질기게 기다리는 게 최고였다. 지나가는 말로
한마디 툭 던지는 게 전부였다.

종신회원 가입자가 한두 명씩 늘기 시작했다. 94년에만
3백여 명이 가입했다. 일찍이 전례가 없던 일이었다. 95년에
도, 96년에도, 97년에도 신규 가입자가 꾸준히 늘었다. 시도
하지 않아서 그렇지 불가능한 일은 아니었다.

해마다 종신회원 수가 늘어났다. 동회장을 하는 동안
1900여 명을 향군에 가입시켰다. 전국 222개 시군구회 가운
데 단연 1위였다. 덕분에 94년부터 97년까지 4년 연속 최우
수 동회 표창을 받았다. 98년 4월 전국총회에선 대통령 표창
을 받았다. 향군 50년사에 이름을 올리기도 했다. 더 후의 일

이지만 국민훈장(석류장)을 받았다. '향군발전에 헌신한 공'이
지만 정작 향군 활동을 하면서 내가 더 많은 덕을 보았다. 무
형의 덕으로 그것들이 나를 튼튼하게 만들었다.

안보는 산소와 같다

중구 재향군인회 회장으로 있을 때인 2007년 율곡 포럼을 창
립했다. 이 포럼을 창립한 개최사에서 "안보는 산소와 같아
국가 존립을 위해 절대적"이라는 입장을 밝혔다. 안보 불감
증이 만연했던 때, 천안함 사건이 터졌고, 이 말은 국민들 사
이에서 공감대를 이뤘다.

　사람들은 평소에 산소의 중요성을 모르고 산다. 산소는
색깔이 없어서 보이지 않고, 조금씩 없어져서 잘 못 느낀다.
하지만 완전히 없어지면 사람이 죽는다. 안보도 산소와 같이
보이지 않지만 너무나도 소중한 존재다.

　이런 철학으로 2005년 중구 재향군인회 회장 선거에 나

섰다. 동회장을 하면서 중구회 이사, 서울시회 이사를 3년씩 겸직했기에 돌아가는 것은 이미 잘 알고 있었다. 특별히 회장직에 뜻이 있었던 것은 아니었다. 향군 회원들에게 실질적으로 도움을 주자면 리더가 되어야 했다. 어렵지 않게 당선됐다.

그동안 쌓아 올린 '업적' 덕분이었다. 최소한 영관급은 되어야 할 수 있는 자리였다. 병장의 대약진이었다. 취임식은 중구 구민회관에서 열렸다. 취임사에 향군에 대한 내 생각을 담았다.

지금 우리는 변화의 시대, 안보 불안정 시대에 살고 있습니다. 과거의 전통적인 사고에서 벗어나 변화하는 시대에 맞는 개혁을 추구해야 합니다. 강한 주인의식과 지역발전을 위한 동반자 의식을 가지고 꿈과 희망을 열어가는 향군이 될 수 있도록 모든 회무를 합리적이고 발전적인 방향으로 추진하겠습니다. 각종 매체를 통한 지역 홍보 활동을 활성화하여 중구 향군이 지역 발전의 중심체가 되도록 하겠습니다.

우리 향군은 굴절된 역사 속에서 조국이 위기에 처할 때마다 분연히 일어나 조국 수호와 국론 결집 그리고 안보 체제를 굳건히 다지는 데 앞장서 왔습니다.

그러나 지금 우리의 현실은 결코 녹록지 않습니다. 북한의 전쟁 위협이 사라지고 냉전이 종식된 것으로 호도되고 있습니다. 위기를 위기로 보지 않고 적을 적이라 하지 않습니다. 안보의 빗장을 열어야 한다는 심리가 사회 저변에 확산되고 있습니다. 심히 안타깝습니다.

현실을 직시해야 합니다.

저는 앞으로 우리 향군이 명실상부 지역 안보와 지역발전의 중심 단체가 되도록 하겠습니다. 회원 상호 간의 친목과 복지향상에 최선을 다하겠습니다. 내가 바로 서야 다른 사람을 바로 세울 수 있습니다. 지역사회 봉사의 선봉에 서서 국가와 지역사회의 빛과 소금을 역할을 다하겠습니다.

그런데 취임하고 보니 중구회에는 한 가지 문제가 있었다. 자체 회관을 지니고 있었지만, 빚이 꽤 많았다. 처음 설립할 때부터의 부채로 20여 년간 그런 상태가 지속되었다. 부채는 조직을 위태롭게 하는 요인. 빚부터 갚자고 마음먹었다. 하지만 특별히 방법이 있는 것이 아니었다. 사업을 해서 이익을 남길 수 있으면 그렇게라도 해 보겠지만 그건 시스템상 불가능했다. 재정을 알뜰하게 하고 뜻을 같이하는 회원들의 도움을 받는 일밖에 없었다. 중구 재향군인회 재정 건전화를 위한 2년 프로젝트를 시작했다.

첫 번째는 경비의 최소화였다. 돈을 벌지 못하므로 안

쓰는 게 비결이었다. 나부터 앞장섰다. 거의 예산을 건드리지 않았다. 사소한 경비는 내 주머니에서 직접 냈다. 그러나 그건 소극적인 방법이었다. 부채가 더 늘어나지는 않겠지만 없앨 순 없었다.

두 번째는 기부금이었다. 함께 중구를 이끌고 있던 임원들과 많은 회원이 기꺼이 동참했다. 취지를 설명하고 기부에 동참해 줄 것을 요청했다. 그때마다 회원들은 십시일반이라며 정성을 모아 주었다.

2007년 마침내 모든 부채를 청산했다. 처음 계획했던 2년여 만에 '부채 없는 대한민국 중구 재향군인회'가 되었다. 그해 중구 향군회는 전국 최우수 구회로 선정되었다.

나는 뭐든지 열심히 하는 걸 좋아한다. 천성이다. 대충 하면 목에 가시가 걸린 것처럼 불편했다. 할 일을 다 하고 또 일을 찾아서 했다. 그래야 속이 시원했다. 중구 회장은 중구 전체를 관할하다 보니 일이 많았다. 일이 많은 만큼 보람도 컸다. 중구 구의회 의원을 하면서도 사방팔방 뛰어다녔다. 구의원으로서 해야 할 일도 꽤 있었다. 한 번에 두 가지 일을 하니 '도랑 치고 가재 잡는 격'이었다.

훈장도 두 가지 일을 열심히 하다가 받았지만 '서울특별시 중구 국가보훈 대상자 예우 및 지원에 관한 조례'와 '서울특별시 6·25 참전 유공자 지원 조례'도 향군과 지방의회 의원을 함께 했기에 제정할 수 있었다. 중구의회 의장과 중구 향군회장을 같이 하고 있으면서 서울시 구의회 의장단협의회 사무총장까지 하고 있을 때였다. 6·25 참전용사에 대한 자치단체의 대우가 없다는 것을 알았다. 향군의 일이지만 나라와 우리 사회의 일이었고 구 의원이면 할 수 있는 일이었다.

"국가가 가장 어려울 때 목숨 바쳐 전쟁터에 간 분들입니다. 지방 자치 단체에서도 당연히 국가를 위해 참전한 그 분들을 위해 지원해야 되지 않겠습니까."

처음 반응은 '뜬금없다'였다. 저항도 있었다. 하지만 당위성과 명분을 설명하자 대부분 돌아섰다. 결국 '지방자치단체에서 6·25 참전용사에게 예우에 대한 지원을 할 수 없다'는 기존 규정을 '있다'로 바꾸었다. 서울시 25개 구와 각 지방자치단체가 지원 조례 확대 시행에 나섰고 명예 수당을 지급하게 되었다.

느닷없이 향군 부회장

2008년 4월 재향군인회 부회장이 되었다. 향군 집행부는 그야말로 '별들의 고향'이었다. 장성, 그것도 별 세 개 정도는 되어야 명함을 내밀 수 있었다. 고작 병장 출신의 48세 '청년'이 향군 57년 역사를 깬 사건이었다. 향군 부회장. 출발은 명동 동회장이었다. 명동 동회장의 시작은 예비군 소대장이었다.

서울시 향군 회장 선거에 도전했다. 결과는 패배였다. 하지만 의미 없는 패배는 아니었다. 당시 부정선거라는 여론이 들끓었다. 서울시 회장 선거를 둘러싸고 벌어졌던 일들이 입에서 입으로 회자되면서 박세직 향군 회장의 귀에까지 들어갔다. 박세직 회장은 때마침 부사관과 병을 대표할 수 있는 부회장을 뽑을 계획을 지니고 있었다. 향군의 90% 이상을 차지하는 사병들과의 소통이 향군 발전의 근본임을 깨달았기 때문이었다.

여러 경로를 통해 부회장감을 수소문하고 있던 박 회장은 종신회원 가입 실적, 동회장, 구회장을 거친 나의 향군 18년을 검증한 후 나를 재향군인회 병·부사관 대표 부회장으로 뽑았다. 향군 사상 최초의 병장 출신 부회장이었다.

'별'천지였다.

박세직 전 수도경비 사령관, 신임 박춘택 전 공군참모총장, 임종린 전 해병대 사령관 그리고 유임된 박세환, 김홍렬, 고종석 장군 등 20여 개의 별 사이에 끼어들었다. 군에선 장성 구경하기가 하늘의 별 따기였지만 대한민국 재향군인회 회장단에선 병장 보기가 하늘의 별 따기였다. 별은 아니지만, 병장도 알고 보면 '5대 장성'이다. 졸병들끼리의 농담이지만 계급 뒤에 장이 붙은 건 준장, 소장, 중장, 대장 등 별 1개에서부터 4개까지의 장군 말고는 병장밖에 없다.

어릴 적 군대 계급으로 딱지 따먹기를 하는 놀이가 있었다. 일병부터 대장까지 그려진 40여 장의 딱지로 내기를 하는 게임이었다. 동시에 두 명이 딱지를 내놓고 높은 계급을 내민 사람이 그 딱지를 따가는 식이었다. 내가 소령을 냈는

데 친구가 중령을 냈으면 친구가 이기는 것이고 내가 대장을 냈는데 친구가 중장을 내면 내가 이긴다. 친구가 대장을 냈을 때 내가 하사 정도를 내면 이기고도 김이 샌다. 하사인 줄 알았으면 중사 이상만 내도 충분히 이기는데 너무 센 딱지를 써먹어 다음에 못 써먹기 때문이었다.

딱지는 동네 가게에서 팔았다. 문제는 졸병들은 여러 장인데 별을 단 대장이나 장성은 한 장밖에 없다. 딱지를 낼 때 상당히 신중해야 하고 어느 때 어떤 딱지를 내느냐가 승패의 관건이다. 승부는 철저하게 계급으로 가려지지만 단 하나의 예외가 있다.

'용감한 일등병'이다.

모두 다에게 지지만 대장만은 이긴다. 그리고 일등병은 병장에겐 진다.

말이 체법 있었다. 장성 출신들의 곱지 않은 시선이 느껴졌다. 군대는 제대해도 계급 놀음이었다. 예비역이라도 대장은 대장이고 소령은 소령이었다. 그러나 병장은 직업 군인이 아니어서 그리 눈치 볼 것까지는 없었다. 또 8백50만 전역자(2008년 당시)의 90% 이상이 사병 출신이고 난 그런 사병 대표여서 꿀릴 게 없었다. 향군을 살아 움직이는 조직으로 만들고 싶었다. 박세직 회장도 부회장 임명장을 주던 날 "임용혁 부회장, 우리 향군을 살아 있는 조직으로 만들어 보자"고 강조했다.

언론이 많이 도와줬다. 그들은 장군들의 철옹성인 재향군인회에 입성한 병장을 대단히 높게 평가했다. 그리고 수십 개의 매체가 인터뷰를 하면서 내게 힘을 실어주었다. 덕분에 난 생각보다 훨씬 많은 일을 수월하게 할 수 있었다. 장군들의 모임인 성우회가 병장 출신 향군 부회장의 선임에 대해 강력하게 반대 의사를 밝혔다. 개혁에 소극적인데다 계급 함정에 빠져 있는 그들로선 당연한 일이었다. 그러든가 말든가 신경 쓰지 않았다. 난 향군의 95%를 차지하는 사병과 부사관

대표였다. 계급은 그들보다 한없이 낮지만, 대표성은 훨씬 컸다.

그들은 향군을 잘 몰라도 난 향군을 누구보다 많이 알았다. 나의 향군 세월은 어느덧 4반세기를 훌쩍 넘어섰다. 향군의 뿌리인 동회가 어떤 곳인지도 모르는 그들의 향군 경력은 기껏 몇 년이었다. 오랜 동회장 생활을 하면서 향군에 대해 나름대로 많이 생각했다.

- 향군은 유사시 향토방위를 지원하는 시스템이 되어야 한다.
- 향군은 평상시 우리 사회의 소금과 같은 존재로 봉사하는 모임 이어야 한다.

- 향군은 국가가 위기에 처했을 때 앞장서는 단체가 되어야 한다.
- 향군은 나라를 위해 바른 소리를 내고 국민에게 존경받는 조직이 되어야 한다.

내 나름의 향군 철학이었다. 그런데 업무 파악을 하다 보니 향군이 묘한 처지에 놓여 있었다. 유사시 향토방위가 주목적이고 원래 그렇게 출발했는데 어느 순간 그렇게 할 수 없도록 되어 있었다. 유사시 향군 조직을 제대로 활용하자면 예비군 중대장이 향군 동회장을 겸직, 자연스럽게 군과 이어져야 하건만 무관하게 분리되어 있었다. 이유는 알 수 없었지만, 반드시 바로잡아야 할 사항이었다. 기존 멤버들에게 물어봤더니 왜, 언제 그렇게 바뀐 것인지 잘 모르겠다고 했다. 그러면서도 유기적으로 연결되는 것이 맞다고 했다.

당시 국방부 장관을 찾아갔다. 자초지종을 설명했더니 장관 역시 옳다고 했다. 안보가 정치 논리에 밀린 것 같다며 향군의 위치를 유사시에 대비한 시스템으로 돌려놓았다. 대한민국 재향군인회는 참으로 대단한 조직이다. 미국이 참전용사를 중심으로 향군을 꾸려가고 있지만, 기본 틀은 우리나라가 으뜸이다. 그러나 조직이 너무 크고 충성도가 떨어지다 보니 방만하다는 느낌이 있다.

실제로 그런 점이 없지 않다. 잊을 만하면 언론이 향군의 문제점을 지적하곤 해왔다. 향군의 조직이 전문성보다는 군대 계급으로 이루어져 있기 때문이다. 언젠가 향군을 참된 향군으로 만들고 싶다. 그러자면 회장이 되어야 한다. 일개 병장 출신이 할 수 있는 일은 아니라고들 하지만 그렇다고 못 할 것도 없다. 향군의 절대다수가 사병 출신이고 사회 경험이 더 많으므로 조직을 튼튼하게 바꿔 갈 수 있다고 믿는다.

향군도 군 조직이다. 전시 비상조직이다. 그러나 평시에는 그렇지 않다. 전시를 염두에 두고 있으면서 제대 군인들을 위해 뭔가를 해야 하는 모임이다. 그들은 나라를 위해 청춘을 바친 사람들이고 향군의 이름으로 사회봉사를 하고 있는 사람들이다. 그들의 힘을 모으기만 한다면 대단한 일을 할 수 있다. 무엇을 할 것인가.

"죽은 영혼은 적이 아니다"

2009년 어느 가을날이었다. 가수 설운도 등과 함께 경기도 파주 적성리를 찾았다. 황량하기 그지없는 그곳은 적군 묘지였다. 6·25 전쟁에서 젊음을 잃은 북한군과 중국군들의 묘역. 전쟁이 끝나고 60여 년이 흘렀어도 고향 땅을 찾지 못하고 아무런 연고도 없는 차가운 땅에 죽은 몸을 의지하고 있었다. 찾는 이도 없고 챙기는 이도 없고 그들조차도 왜 그곳에 있는지 모르는 이름 없는 전사들의 무덤이었다.

설운도가 추모곡을 불렀다. 난 클라리넷으로 그들의 아픔을 달랬다. 처음엔 담담하지만, 클라리넷 연주가 끝날 때쯤 되면 늘 눈물 한 방울이 함께했다. 그저 시키는 대로, 명령에 따라 총부리를 겨누었던 그들이 아니겠는가. 살아 있을 때 적군이지 죽고 나면 그들이나 우리나 다 불쌍한 영혼이었다. 미처 살아보지도 못하고 급하게 간 청춘들이었다.

공식 명칭은 '북한군·중국군 묘지(북중군묘지)'고 휴전선에서 불과 7km의 거리에 있다. 공식 이름을 갖게 된 것은 한참 후의 일이고 사람들은 그저 '적군묘지'라고 했다. 전쟁 시 적군이었기 때문이었고 그래서 아무도 돌보지 않았다. 간혹 아군, 직군의 개념 없이 전쟁의 희생자라는 점을 강조하는 인권주의자들이 어디선가 소문을 듣고 꽃 한 송이를 놓고 가곤 했다.

1996년 우리 정부가 남한 내에서 발굴한 '조선인민군과 중국인민지원군'의 유해를 모아 묘역을 만들었다. 전 세계에서 하나밖에 없는 적군묘지로 그곳에 들어서면 전쟁의 헛됨을 깨닫게 된다. 전쟁의 상흔이 묻어 있는 이곳을 일부 군 관계자들은 그다지 탐탁하게 생각하지 않는다. 죽어도 적군은 적군이라는 생각 때문이다. 이해 못 할 바는 아니지만, 그들 모두 누군가의 아들이고 아버지고 남편이었다. 오고 싶어 온 것도 아닌데 돌아갈 수조차 없어 수십 년 구천을 떠돌고 있음을 안다면 그 누구라도 애도하는 게 옳다.

재향군인회도 적군묘지에 부정적이었다. 하지만 다 그렇지는 않았다. 목숨을 걸고 싸운 사이지만 갈 곳 없이 떠도는 영혼을 위로하는 것을 이상하게 보지는 않았다. 천주교 의정부교구에서 매년 위령 미사를 집전했다. 인도적 차원이다. 죽은 영혼을 두고 종북 운운할 것까지 없지 않은가. 재향 군인회 부회장은 그런 일을 하면 안 되었다. 그게 일반적인 생각이었다. 난 아니라고 생각했다. 우리 모두 전쟁의 희생자일 뿐이고 특히 같은 말을 쓰는 동포가 아닌가.

'북중군묘지 평화포럼'은 그래서 만든 단체다. 회원 50여 명의 작은 모임이지만 매월 둘째 토요일 유족을 대신한다는 마음으로 그들을 찾았다. 그날은 설운도와 임청화 백석대 교수가 나의 클라리넷 연주에 맞춰 노래를 불렀다. 설운도가 작사·작곡한 곡이었다.

고향으로 가자

설운도 작사·작곡

일어나 어서
고향으로 가자

어머님이 널 기다리신다.

60년 세월 오직 자식 위해

자나 깨나 눈물지신다.

얼마나 힘들었니
얼마나 괴로웠니

차디찬 그곳에서
가슴 치며 울었겠니

아들아 내 아들아
이제 그만 집으로 가자

오랜 세월 엄마 품이
얼마나 그리웠겠니

오랜 세월 엄마 품이
얼마나 그리웠겠니

포럼 회원들은 주위의 눈초리를 부담스러워 했다. 하지
만 그들의 죽음을 애도하는 것이야말로 역사에 희생된 그들
을 예우하고 대한민국의 격을 높이는 것이었다. 6·25 참전
용사들은 대한민국 재향군인회 부회장이 어떻게 적군 묘지

에 참배하느냐고 항의했다. 그들에게 '죽은 영혼은 적이 아니다. 그런 생각으로 어떻게 통일을 이루겠느냐'라고 설득했다. '차디찬 몸으로라도 고향으로 가자'는 노래 가사와 함께 좌중이 눈물 바다가 됐다. 이런 노력들이 합쳐져 적군묘지는 점차 북중군묘지로 바뀌었고 중국군 유해 송환으로까지 이어졌다. 관광공사는 중국 유학생과 중국인 관광객 그리고 공사 직원 등 100여 명이 함께 북중군묘역을 찾아 참배하고 벌초하는 행사를 마련했다. 우리 포럼은 정전 60년에 맞춰 임진강변에서 대대적인 추모제를 열었다. 그곳은 종북인사들의 성지가 아니고 시대와 민족의 아픔을 나누는 성지였다.

3

세상에 공짜는 없다

늘봄다방 총 지배인

다방 생활이 손에 딱 달라붙던 어느 날이었다. 사장이 직원들을 모두 불러 모았다. 그리고 한마디 했다.

"오늘부터 임 군이 우리 늘봄다방 총지배인이다. 임 군의 말은 내 말이나 마찬가지니 무조건 따르도록 하라."

그러면서 "임 군이 잘못된 지시를 하더라도 거기에 복종하라"고 덧붙였다. 사장은 나를 전적으로 신뢰했던 것이다. 인사권부터 직원 봉급을 올려주는 일에 이르기까지 모든 일을 맡겼다.

다방 일을 시작한 지 5년째 되던 해였다. 얼마 전부터 사장이 유독 신경을 쓰며 이것저것 중요한 일을 시키긴 했지만

• 명동 늘봄다방의 실내 모습.

그게 총지배인으로 가는 길인 줄은 전혀 생각하지 않았다. 총지배인은 사장 바로 밑자리였다. 종업원 사이에선 가장 높고 힘 있는 자리였다.

총지배인이라고 해서 달라질 것은 없었다. 사장과의 일대일 대화 자리가 많아졌지만 하는 일은 그 전과 크게 달라지지 않았다. 나는 늘 하던 대로 잡일도 마다하지 않았다. 오히려 일을 더 많이 했다. 다만 직원들이 나를 대하는 태도는 많이 달라졌다. 하는 일은 같았지만 느낌은 달랐다. 모든 일이 재밌고 신났다.

경희대 음악대학 교수로 학생들을 지도하던 성악가 엄

정행 씨가 늘봄다방 단골이었다. 엄 교수는 "성대를 보호하는 데는 임 지배인이 개발한 모과차가 최고"라며 항아리 단위로 사가기도 했다.

핀란디아에서도 당시 인기 연예인과 인연을 맺었다. 개그맨 정이래 씨는 핀란디아 성냥에 자신의 사진을 쓰자고 했다. 인기 개그맨 사진을 써서 다방 마케팅에 도움을 주겠다는 고마운 뜻이었다. 정이래 씨는 그 성냥에 시벨리우스 교향곡 핀란디아 가사를 넣기도 했다. 내가 핀란디아 교향곡을 자주 들려줬던 것을 잊지 않았던 것이다.

운명을 바꾼 '작은 용기'

늘봄다방 옆엔 작은 공터가 있었다. 워낙 목이 좋아 모두들 그곳에서 장사를 하고 싶어 했다. 그 때문에 주인은 늘 골머리를 썩이고 있었다. 잠시라도 한눈팔면 어느새 노점상들이 치고 들어와 장사를 하곤 했다. 그들은 한 번 들어오면 좀처럼 나가지 않았다. 생계가 걸린 일이어서 그럴 수밖에 없었다. 그렇다고 마구잡이로 허락할 수는 없는 일이었다. 땅 주인은 내게 관리를 부탁했다. 철망을 둘러치고 아무도 들어오지 못하게 막아달라고 했다. 시비가 끊일 날이 없었다. 특히 상이군인회 등이 앞장서서 포장마차나 노점을 할 수 있도록 하라면서 압력을 넣었다.

어느 날 기어코 사달이 벌어졌다. 그들 대표라는 사람들이 나를 찾았다. 그들은 대뜸 큰소리부터 쳤다.

"먹고살자는데 뭘 그리 야박하게 노나. 빈 땅이니 장사 좀 하다가 비켜 달라면 비켜 줄 테니 건물 지을 때까지 장사 좀 하자."

"안 됩니다. 불법이기도 하지만 땅 주인이 곧 건물을 올린답니다. 내 맘대로 할 수 있는 일이 아닙니다. 나도 부탁받고 하는 일입니다. 양해해 주십시오."

"아, 그러니까 그 때까지만이라도 장사 좀 하자고. 땅이 없어지는 것도 아니고 노는 땅 잠깐 쓴다는데 뭔 말이 그렇게 많아."

일행 중 험상궂은 한 명이 앞으로 나서면서 험한 말을 했다. 그는 양 손가락 사이사이에 면도칼을 끼고 있었다.

"어이, 얼굴 좀 문질러 줄까?"

겁이 더럭 났다. 충분히 그럴 수 있는 사람들이었다. 하지만 물러설 수 없었다. 물러서면 끝이었다. 모질게 마음먹었다.

"그래요, 해 볼 테면 해 보세요. 자, 여기 얼굴 있소."

말과 함께 얼굴을 바짝 들이밀었다. 죽기 아니면 까무러치기였다. 어차피 한 번은 겪고 넘어가야 할 일이었다. 의외로 강하게 나가자 중재자들이 나섰다.

"그런 뜻이 아니고 잘 이야기해서 땅을 놀리는 동안에만 할 테니 주인한테 잘 말해 주시오."

"하여튼 알겠습니다. 그런데 함부로 이런다고 해결되는 게 아닙니다."

결국 그들은 물러났고 더 이상 집단적인 행패는 없었다. 그로부터 얼마 후 땅 주인이 그곳에 7층 건물을 올렸다. 1990년 2월쯤이었다. 이제 건물주가 된 주인은 내게 지하 1층을 내주면서 장사를 해보겠느냐고 물었다.

꿈의 시작 '핀란디아'

뜻밖이었다. 생각조차 해 보지 못한 일이었지만 덥석 받아들였다. 명동 노른자위에 보증금도 없이 뭔가를 할 수 있다는 것은 엄청난 선물이었다. 그동안 한 푼도 쓰지 않고 모아둔 돈을 털었다. 그러나 어림없었다. 할 수 없이 평소 알고 지내던 지인과 동업하기로 했다. 뭘 할까 고민하다가 당시 젊은 사람들에게 인기가 있던 레스토랑을 하기로 했다. 함박스테이크, 돈까스, 오므라이스에 맥주 등을 파는 경양식 집이었다. 인테리어는 유럽풍으로 했다. 아기자기하고 깔끔했다. 메뉴판도 유럽식으로 만들었다.

상호는 핀란디아였다. 영어 상점명이 범람하던 시절이

었지만 핀란디아는 상당히 낯선 상호였다. '핀란디아'는 '핀란드여 일어나라'는 곡의 초기 버전으로 핀란드의 음악가 장 시벨리우스가 작곡한 교향시다. 제2의 애국가로 불릴 정도로 핀란드인의 사랑을 받아 온 곡이다. 시벨리우스가 이 곡을 썼던 1899년은 핀란드가 제정 러시아의 속국으로 그들의 압제에 시달리던 때였다.

시벨리우스가 핀란드인의 나라 잃은 슬픔을 위로하는 한편 민족의식을 고취시키기 위해 작곡한 교향곡이다.

3악장 마지막 부분은 트럼펫이다. 광복을 염원하는 트럼펫의 선율이 울려 퍼지면 핀란드인들은 독립의 뜨거운 열정을 쏟아냈다. 제정 러시아는 핀란드인의 국민적 봉기가 두려워 이 곡의 연주를 금지시켰다.

군대에서 이 곡을 많이 연주했다. 곡의 웅장하고 뜨거우면서도 애잔한 선율에 사로잡혀 특별히 좋아했다. 곡이 담고 있는 뜻을 알기 때문이기도 하지만 연주할 때 더러는 울컥하며 가슴이 먹먹해지는 느낌을 받았다.

핀란디아

시벨리우스 작곡

아, 핀란드여, 보라. 이제 밤의 위협은 저 멀리 물러났다.

찬란한 아침에, 종달새는 다시 영광의 노래를 부르고,

천국의 대기가 충만하였다.

어둠의 힘은 사라지고 아침햇살은 지금 승리하였으니,

너의 날이 다가왔다, 오 조국이여.

아, 일어나라, 핀란드여. 높이 들어 올려라.

너의 과거는 자랑스럽게 등극하였다.

아, 일어나라, 핀란드여, 노예의 흔적을 몰아내고, 새로운 세

상을 보여주어라.

억압에 굴복하지 않았으니,

자랑스러운 아침이 시작되리라, 조국이여.

핀란디아 교향곡은 내 인생에 용기를 주었고, 위기의 순
간마다 내 인생의 이정표가 되었다. 핀란디아는 '임용혁이여
일어나라'였다.

악몽과 희망의 바이올린

중학생이 되기를 갈망했다. 중학생이 되어야 신문 배달을 할
수 있었다. 신문 배달을 해야 바이올린을 배울 수 있었다. 내
고향은 경주고 난 1960년 안강읍 검단리라는 곳에서 태어났
다. 말이 천년 고도지 산골에 가까웠다. 클래식과는 전혀 어
울리지 않는 시골 동네였다. 그런데 고전 음악을 좋아했다.
왜 클래식을 좋아했는지 기억이 잘 나지 않지만, 어쨌든 난
클래식을 좋아했고 바이올린 소리를 들으면 울다가도 그칠
정도였다.

바이올린을 켜고 싶었다. 하지만 말도 안 되는 생각이었
다. 먹고살기도 빠듯한 터에 그 시골에서 바이올린을 만지게

해 줄 사람은 세상천지 그 어디에도 없었다. 욕먹지 않으면 다행이었다. 바이올린을 배울 수 있는 길은 한 가지였다. 경주중학교 밴드부에 들어가고 신문 배달을 해서 내 손으로 돈을 버는 것이었다.

기다리지 않아도 세월은 흐르는 법. 중학생이 되었다. 새벽 3시에 일어났다. 신문보급소까지 뛰어갔다. 신문을 받아 한바탕 돌리고 나면 6시였

• 경주중학교 밴드부 정장을 입은 필자 (오른쪽). 트럼펫을 든 친구와 연주할 때 호흡이 잘 맞았다.

다. 아버지나 어머니는 처음에는 말렸지만, 말을 듣지 않자 내버려 두었다. 며칠 못 가 그만둘 게 뻔하다는 눈치였다. 힘들긴 했다. 일어나는 것이 가장 힘들었다. 추운 겨울은 특히 심했다. 하지만 즐거움이 있었다. 바이올린이 눈앞에서 어른거리면 달리는 발길이 가벼워졌고 절로 웃음이 삐져나왔다. 시간이 지날수록 요령이 생겼고 돈도 조금씩 많아졌다. 배달 부수도 늘었다. 그리고 배달 부수가 많을수록 돈을 더 많이 받는다는 것도 알았다.

가장 먼저 보급소에 나갔다. 남는 신문을 최대한 많아

받기 위해서였다. 소위 '무가지'라는 것으로 공짜로 신문을 넣다가 나중에 구독료를 받는 것이었다. 그러자면 무가지가 많을수록 유리했다. 그런데 그게 말처럼 쉽지는 않았다. 신문을 몰래 넣고 나면 어른들에게 야단맞기 일쑤였다. 그들도 그렇게 공짜로 몇 번 넣다가 신문을 보라며 귀찮게 하리라는 것을 알고 있었다.

어린 학생이 배달하면 딱 자르기가 곤란해 처음부터 신문을 넣지 못하도록 사전에 단속했다. 그러나 혼나면서도 난 꾸준히 무가지를 집어넣었다. 어쩌다 걸리면 '절대 보라고 안 할 테니 그냥 보세요'라고 말하곤 했다. 거절당하는 게 일상사였다. 거절해도 또 넣는 게 내 일이었다. 특별한 요령이 없었다. 거절당해도 넣고 야단맞아도 넣고 혼나도 웃으면서 '미안합니다' 해 놓고 다음 날 또 넣는 것이었다. 그렇게 한두 달이 지나면 대부분의 어른이 구독을 했다. 신문이 아니라 신문 배달하는 어린 학생을 위해 한 부씩 봐주었다.

'넣지 말라는 데 왜 또 신문을 넣느냐'고 야단치는 어른들을 만나면 그저 고개를 숙이고 있었다. 원래 내성적인 데다 특별히 할 말이 없으니 그럴 수밖에 없었다. 그러고 있으면 목소리가 점점 작아지다가 나중엔 친절하게 바뀌고 어느 날엔가는 '자식, 내일부터 신문 넣어'라고 머리를 쓰다듬어 주기도 했다.

그 어른들은 모두 내 꿈을 키워주는 은인들이었다. 당연히 고마운 분들이었다. 더욱 공손하게 하고 집기 좋은 곳에 신문을 넣었다.

배달이 점점 많아졌다. 배달 시간도 늘어났다. 열심히 뛰었다. 처음엔 조금만 뛰어도 헉헉댔으나 이젠 백 여부를 들고뛰어도 힘들지 않았다. 신문이 종이고 신문 한 부는 가볍지만 백 부가 넘어가면 꽤 무겁다. 그걸 들고뛰는 건 장애물 경기를 하는 것과 비슷하다. 요즘에야 오토바이로 나르지만, 그땐 모두 들고 달렸다. 더러 자전거가 있었지만 그건 엄청난 호화판이었다.

처음엔 보급소에서 가장 많이 신문을 돌렸다. 조금 후 경주 신문 구독 실적 분야에서 1등 했다. 그리고 나중엔 전국 1위로 최우수 영업 기록을 세웠다. 배달 월급도 적지 않은데 장학금까지 받았다. 바이올린 레슨비도 벌고 기초체력도 닦고 사람 마음 잡는 법까지 터득했다. 학창 시절 6년간의 신문 배달은 그야말로 꿩 먹고 알 먹기였다.

중학교 2학년 시절 어느 날. 경주 기독병원 영안실에 신문을 넣고 나오는데 병원 입구에서 교통사고를 당한 환자가 피를 흘리고 있는 광경을 목격했다. 출혈이 심했다. 그 자리에서 수혈하고 있었다. 출혈이 된 만큼 피를 수혈해야 살 수 있는 절박한 상황이었다. 하지만 돈이 마련되지 않았는지,

결제가 안 되었다는 이유로 더는 피를 수혈해주지 않았다. 이 환자는 죽어가고 있었다. '돈=생명'이라는 것을 가슴 깊이 인식하게 되었다.

• 경주고등학교 작은 음악회에서 바이올린을 연주하는 필자.

주말은 무척 바빴다. 대구 시립교향악단 이일재 교수님께 레슨을 받았다. 교수님은 날 특별히 더 잘 봐주셨다. 신문 배달을 하면서 배운다는 것을 알고 있었다. 교수님은 단지 바이올린뿐 아니라 희망과 용기까지 가르쳐 주셨다.

대구로 가는 길은 그래서 늘 설렘이었다. 바이올린이 꽤 손에 익어가던 경주고 1학년 때 KBS의 '우리들 세계'라는 TV 프로그램이 학교를 찾아왔다. 주제는 '경주고등학교의 손'이었다. 시골이라 바이올린을 연주하는 남학생은 내가 유일했다. 전국 방송을 타고 내가 연주한 하이든의 '놀람 교향곡'이 퍼져나갔다.

방송은 여러 가지로 내 삶에 영향을 끼쳤다. 나는 바이올리니스트의 꿈을 더욱더 강하게 다졌다. 길을 가다 보면 날 알아보는 여고생이 더러 있었다. 신문을 보는 분 중에서도 '바이올린 연주를 잘 봤다'면서 격려를 해 주시는 분들이 있었다.

그러나 그건 아무것도 아니었다. 아버지가 날 인정해 주셨다. 아버지는 연주용 바이올린인 '스즈키 300'을 사 주셨다. 돈도 없는데 그 비싼 걸 어떻게⋯ 소를 팔아 산 바이올린이었다. 농사꾼에겐 목숨이나 다름없던 누렁이를 넘기고 날 위해 바이올린을 구입한 것이었다. 그 결심을 하기까지 아버지가 얼마나 많이 고민했을지 물어보지 않아도 알 수 있었다.

아버지는 소보다 아들의 결심을 더 사랑하셨다. 한없이 기뻤다. 첫날 스즈키를 껴안고 잠을 잤다. 반드시 대학에 입학해 바이올리니스트로 성공하겠다는 각오를 다졌다. 그럴 자신이 있었다. 그날로 나는 이미 유명한 바이올리니스트가 된 기분이었다.

마침내 79학년 대학입학 전국 음악 콩쿠르 대회였다. 하이든 콘체르토 2번. 본선 지정곡이었다. 눈 감고도 연주할 수 있을 정도로 수백, 수천 번 연습했던 곡이었다. 멋진 연주 장면을 떠올렸다. 악보는 이미 머릿속에서 다 마스터했다. 교수님은 강약 조절이 누구보다 뛰어난 나의 스트링 기법에 대해 자주 칭찬해 주셨다. 이제 곧 음대생이 되는구나.

실기 무대에 섰다. 출발은 괜찮았다. 그런데 어느 순간 갑자기 머릿속이 하얘졌다. 아무것도 생각나지 않았다. 한

번 어긋나자 걷잡을 수 없었다. 곡을 끝내지도 못했다. 잘하고 못하고가 아니었다. 중간에서 손을 놓고 말았다.

'어떻게 여기까지 왔는데…' '얼마나 열심히 했는데…' '동네 사람들은 어찌 보고 아버지는 어쩌지?' 허망하고 슬펐다. 펑펑 울어야 속이 시원할 텐데 눈물은 나오지 않았다. 끝이었다. 별의별 생각이 다 들었지만 어쨌든, 끝이었다. 바이올리니스트 인생이 단 한 번 실수로 그렇게 물거품이 되었다. 무대의 악몽은 평생을 두고 따라다녔다. 수십 년이 지난 지금도 가끔 그때 꿈을 꾼다. 악몽의 바이올린. 하지만 마냥 그렇지는 않았다. 오르막이 있으면 내리막이 있고 죽을 듯한 절망 속에 희망이 있듯이 평생의 동지로 지내면서 내 인생과 부침을 함께 했다.

군악대에서 클라리넷을 같이 연주한 선임을 만났기에 제대 후 서울로 왔다. 그 때문에 돈 만 원으로 짜장면 한 끼로 10여 일간을 버티다 서울역 노숙자 신세로 전락했다. 군악대 시절 악기 광내던 실력을 다방 지하 계단이나 실내 쇠붙이 닦는 데 활용, 번쩍번쩍 빛나는 가게를 만들고 돈을 벌었다. 바이올린 연주를 통해 응용력을 키울 수 있었다. 이는 내 삶의 큰 팁이었다. 사람들과 만났을 때 조금 이야기하다가 바이올린과 악기를 연주할 줄 안다고 하면 조금은 신기하게 쳐다보다가 더 깊은 이야기를 나누기도 했다. 클라리넷이 아니었으면 청와대에 가서 이명박 전 대통령 앞에서 단독 연주를 하며 관심을 끌지도 못했을 것이고 주민들과 편안하게 대화를 나눌 수도 없었다.

중구의회, 향군, 관광공사 시절 어쩌다 한 번이지만 바이올린, 클라리넷 연주로 나눔과 봉사를 하기도 했다. 살다 보면 깨닫는다. 돈도 명예도 어쩌면 친구와 사랑까지도 다 흘러가지만, 머릿속에 넣어 둔 공부는 평생 떠나지 않는다는 걸. 그래서 젊으나 나이 드나 시시때때로 배우고 익히는 기쁨을 자주 맛

• 다재다능한 최고경영자(CEO)가 총집결한 CEO상상파티에서 클라리넷을 연주하고 있는 필자. 폭탄주 제조 시연에 나선 CEO, 사진 작품을 전시한 CEO 등이 기량을 뽐냈다.

보아야 한다. 중구 의회 시절에도 가끔 공연을 했다.

2004년 지하철 2호선 을지로입구역에서 중구 청소년 오케스트라 단원들과 함께 '가을 연주 무대'를 열었다. 중구 의회 의장이었던 2006년엔 '성곽 사랑 가을 연주회' 무대에 올랐다. 의회 사무국에 근무하는 홍은경 씨와 함께 슈베르트의 세레나데와 아일랜드 민요 '아, 목동아'를 연주했다. 클라리

• 　아마빌레 오케스트라에서 바이올린을 연주하는 필자의 모습.

넷 2중주였다.

'성곽 사랑 가을 연주회'는 성곽길 쉼터에서 열리는 작은 음악회였다. 내 고장 문화재에 대한 자부심과 애향심을 심기 위한 것으로 음악회라기보다는 학예회 수준이었다. 그러나 이 공연을 보고 들은 구민들은 '클라리넷 부는 임용혁'을 잊지 않았다. 구정에 대한 민원이 있으면 찾았고 선거 때는 표를 주었다.

'아마빌레 오케스트라'에선 세컨드 바이올린을 했다. 음악 애호가들이 음악 봉사를 위해 만든 오케스트라로 필요로 하는 곳이 있으면 무료로 연주회를 했다. 가지고 있는 재능을 나눌 수 있는 건 커다란 기쁨이었다. 세상에 쓸모없는 것은 없다. 2010년 9월 28일 세종문화회관 대극장에서 열린 월드 디바 로즈 장의 뮤지컬·팝·오페라 콘서트에서 로즈 장과 클라리넷 협연을 했다. 재미교포 2세인 로즈 장은 뉴욕 브로드웨이에서 활약하는 가수였다. 클라리넷 협연에 이어 나는 협연자 자격으로 연설했다. "로즈 장은 대한민국 민요를 영어로 번역해서 전 세계에 공연함으로써 국위를 선양했다"는 연설 내용에 박수가 쏟아졌다.

귀신이 곡할 노릇

핀란디아를 연주할 때는 언제나 가슴이 뛰었다. 마침내 핀란
디아를 개업했다. 주방은 나와 옛날부터 '만화를 좋아하던 친
구'가 번갈아 가며 맡았다. 친구는 밤이면 만화방에 갔다. 만
화가 좋기도 했지만 적은 돈으로 밤을 편안하게 보낼 수 있
는 곳이어서 자주 갔다.

어려울 때 서로 의지가 되었던 친구는 한동안 사라졌었
다. 내가 독감에 걸려 끙끙 앓고 있을 때 없는 돈에 감기약
까지 사 준 고마운 친구였다. 하지만 난 그가 돈을 빌려달라
고 했을 때 빌려주지 않았다. 돈을 그렇게 쓰면 안 된다고 생
각했다. 친구는 야속하다는 표정을 지으며 나가더니 그 길로

자취를 감추었다.

그게 늘 마음에 걸렸는데 어느 날 사라질 때처럼 소리소문없이 돌아왔다. 그날 처음 '경제 관념'이라는 게 생겼다며 오히려 고마워했다. 그의 그 말에 마음 한쪽 구석에 쌓여 있던 찜찜함을 털어낼 수 있었다.

'우리 한 번 열심히 해 보자'고 했으나 손님이 없었다. 뭐가 문제일까.

손님이 없으니 답을 찾을 수도 없었다. 텅텅 빈 채 몇 달이 지났다. 더러 되는 날이 있어 희망을 가지면 다음 날은 또 어김없이 적막강산이었다. 아버지도 핀란디아가 고전할 때 애가 많이 탔다. 그날도 핀란디아에 손님이 몇 명 오지 않아 의기소침한 기분으로 집으로 갔다. 아버지가 화를 내며 말했다.

"오늘 손님이 많았냐?"

"손님이 많았습니다."

"손님이 많긴 뭐가 많아. 내가 오늘 세어 보니까 일곱 명밖에 안 들어가더라. 그런데 장사가 잘됐다고? 앞으로 너 어떻게 할 거냐?"

참담한 가게 성적표를 들켰다는 생각에 아무 말도 하지 못했다. 그제야 아버지가 가게 길 건너편 구두닦이 부스 옆에 의자를 갖다 놓고 앉아 온종일 핀란디아에 손님이 몇 명

이나 드나드는지 지켜보셨다는 것을 알게 되었다.

3개월여가 그냥 흘렀다. 여전히 맹탕이었다. 동업자는 그만두고 싶은 눈치였다. 그를 끌어들인 게 미안했다. 투자금을 돌려주고 싶었으나 가진 게 없었다. 건물주가 레스토랑을 찾았다. 그도 이미 상황을 알고 있었다.

"잘 안 되는 모양이네."

"예. 안 될 리가 없는데 안 되네요. 자리도 좋고 분위기나 음식도 좋은데…."

"좀 지나면 풀릴 거야. 동업자는 어떤가."

"그만뒀으면 하는데 내줄 돈이 없어서…."

"얼마나 필요하지."

"9천만 원 정도요."

"1억 원을 줄 테니 투자금 돌려주고 나머지는 한 두 달 경상비로 쓰게나. 이제 손님이 드나들 때도 됐어."

건물주는 선뜻 1억 원을 빌려주었다. 이자 없는 돈이었다.

동업자가 빠지고 혼자 핀란디아를 운영했다. 한 명이 빠져 걱정이 두 배로 늘 줄 알았는데 오히려 홀가분한 게 마음이 편했다.

그런데 정말 이상했다. 아무 일도 없었고 아무런 조치도 취하지 않았는데 며칠 후부터 손님들이 몰려들기 시작했다. 음식도 그대로고 내부 인테리어도 그대로였다. 바뀐 건 혼자 한다는 건데 그건 손님들하곤 전혀 관계없는 일이었다. 귀신이 곡할 노릇이고 세상일 알 수 없다더니 딱 그랬다. 자리를 꽉 채운 손님들. 나는 그들을 향해 큰절이라도 하고 싶었다. 모두 은인이었다. 손님들을 보면서 자주 감격했다. 큰절을 못 하지만 내가 받은 감격과 감동을 그대로 돌려주고 싶었다. 정말 열심히 했다.

더러 손님들이 팁을 주었다. 나비넥타이를 매고 부지런히 뛰어다니고 친절하게 응대하는 나를 일반 종업원으로 본 듯했다. 내게 그것은 단순한 팁이 아니었다. 손님들은 받은

* 핀란디아를 운영하던 시절.

감동을 그렇게 표현한다고 생각했다. 팁은 모았다가 직원들에게 나눠주었다.

처음이 어렵지 다음은 그냥 흘러갔다. 레스토랑은 늘 손님으로 북적거렸다. 손님이 많다 보니 모든 게 선순환이었다. 한 달 순수입이 2천만 원을 넘나들었다. 1990년대 초반임을 감안하면 엄청난 벌이였다. 돈이고 뭐고 간에 '운발'이 따라야 함을 직접 경험했다. 노력도 중요하지만, 운이 닿지 않으면 모든 게 헛수고였다. 억지로 되는 일이 없음을 몸으로 터득했다.

무엇이 핀란디아의 앞과 뒤를 그렇게 바꾸었을까. 지금

도 알 수 없는 일이다. 하지만 그 일을 계기로 순리가 있고 순리대로 살아야 한다는 것을 깨달았다. 1년도 채 되지 않아 건물주에게 빌린 돈을 다 갚았다. 돈이 그냥 쌓였다. 좋은 인연 덕분이었지만 그동안의 돈 고생이 생각나지 않을 정도였다. 핀란디아 레스토랑은 나를 벌떡 일으켜 세웠다.

장사의 귀재? 아니 원칙과 감동

이듬해 종로구 관철동에 핀란디아 분점을 열었다. 명동 본점
못지않았다. 솔솔찮게 돈이 들어왔다. 돈복이 터졌다. 서울
역 노숙자가 엊그제였는데 10년 남짓 세월에 비교가 되지 않
는 부자가 되었다. 핀란디아는 날로 번창했다. 바로 옆 늘봄
다방은 시원찮았다. 늘봄만의 문제가 아니었다. 카페가 들어
서고 모임의 형태가 달라지면서 다방 산업 전체가 된서리를
맞고 있었다.

처음엔 내리막 세가 완연했으나 한 번 바람을 타자 형편
없이 추락했다. 다방이 씨가 마를 정도였다. 십수 년 전 다방
에서 예술을 논하고 인생을 이야기하던 예술인, 문인들도 자

취를 감추었고 눈 감고 클래식 음악을 듣던 젊은 연인들 역시 나타나지 않았다. 그러고 보니 쉴 틈 없이 다방을 드나들던 구두닦이들도 어느새 다 사라지고 없었다.

주인은 다방 문을 닫았다. 지하는 그대로 운영했으나 1·2층은 당시 유행하던 아이스크림 가게를 차리고 직접 경영했다. 썩 잘되는 것 같지는 않았다. 사장이 나를 찾았다. 배스킨라빈스의 문을 닫아야겠다고 했다. 아이스크림 퍼주다가 주인아주머니 손목이 나갈 판이라고 했다. 뭐가 돼도 좋으니 나보고 해 보라고 했다. 다른 사람 주기는 싫다고 했다. 못한다고 했다. 핀란디아로 바쁘기도 했지만 새롭게 무엇을할 형편이 아니었다. 나는 이것저것 다 함께 잘할 능력이 없었다.

그런데 생각지도 않은 곳에서 제의가 들어왔다. 평소 알고 지내던 제일제당 임원이 '빵집 한번 해 보지 않겠느냐'고 물었다. 그냥 소박한 빵집이 아니었다. CJ그룹의 제빵 브랜드 '뚜레쥬르' 명동점 입점 제안이었다. 다방 영업 관리, 레스토랑 경영과는 차원이 다른 스케일이었다. 지인은 나의 성실함이나 레스토랑 운영기법 등을 보고 맡기기로 했다고 했으나 난 사실 잘할 자신이 없었다. 몇 번 거절을 했으나, 그는 '충분히 잘 할 수 있다'며 계속 권했다. 이야기를 들은 다방 사장도 보증금, 임대료 등을 모두 헐값에 해 줄 테니 하라고 했다.

결국 빵집을 하기로 했다. 2000년 봄이었다. 뚜레쥬르 명동점은 규모 면에서 전국 최고였다. 지하 1층에서 2층까지 3개 층이 영업점이었다. 지하에서 빵을 구웠다. 청결한 모습을 보여 주고 싶었다. 구수한 빵 냄새가 거리로 퍼져 나갔다. 1층은 매장, 2층은 담소하며 먹을 수 있도록 했다. 여유롭게 즐길 수 있도록 공간 배치를 했다. 가능한 한 자리를 채워 영업을 하는 것이 맞지만 '은인인 손님'을 최대한 배려하겠다는 마음이었다.

하루에 빵을 다섯 번 구웠다. 모두들 세 번만 구워도 충분하고 대부분 세 번 정도 굽는다고 했으나 고집을 부렸다. 핀란디아를 하면서 막 구운 빵의 맛을 알았다. 같은 재료, 같은 제빵사라도 따뜻한 빵과 식은 빵의 맛은 천지 차이였다. 나의 목표는 확실했다.

"대한민국에서 최고로 신선하고 맛있는 빵으로 손님들을 접대하겠다."

신념이 위기를 맞았다. 따뜻한 빵은 오래지 않아 식었고 식은 빵은 한쪽 구석에 쌓여만 갔다. 빵집의 하루 매출이라는 게 뻔했다. 다섯 번 구우면 적어도 한 번은 마이너스 요인이 될 수밖에 없었다. 적자가 빠르게 늘어났다. 첫 달에 2천여만 원이 빠졌다. 둘째 달에도 천만 원 이상의 적자를 보았다. 수입이 늘어난 것은 아니었다. 빵을 조금 덜 구워서 적자가 줄었을 뿐이었다. 다섯 번 굽는 것을 세 번으로 줄이고 오늘 팔리지 않은 빵을 다음 날 팔고 싶은 마음이 굴뚝같았다. 하지만 그렇게 큰소리를 쳐놓고 두어 달도 안 돼서 물러나기 싫었다. 핀란디아의 매출로 뚜레쥬르의 손실을 메웠다.

자전거 탄 천사

무일푼으로 상경해 온갖 설움을 경험하며 타인의 도움을 받았기에 나눔을 실천하고 싶었다. 나눔을 통해 많은 것을 이루었다.

뚜레쥬르 사업을 할 때, 그날 남은 빵은 그날 다 소비했다. 판 것은 아니었다. 저녁 무렵이면 명동성당의 김진영 다니엘이 찾아왔다. 그는 늘 우산을 꽂은 짐 자전거를 타고 다녀 명동에서도 꽤 유명했다. 비 오는 날은 우산이고 햇빛 쨍쨍한 날은 양산이었다. 그는 봉사활동으로 명동성당에서도 알아주는 사람이었다. 레지오 행사를 많이 하기도 했지만 '영가 명창'이었다. 그가 부르는 영가에는 영혼이 담겨 있었다.

얼마나 구슬프고 아름다운지 그의 영가 녹음테이프가 바티칸에서도 울려 퍼졌다.

김진영 다니엘. 그는 내게 나눔과 배려의 즐거움을 몸으로 깨닫게 해 준 은인이자 인생의 스승이고 대부였다. 그는 1983년 명동에 들어왔고 나는 이듬해 들어왔다. 하지만 목적은 달랐다. 그는 봉사활동을 하기 위해서였고 나는 어떻게든 먹고살기 위해서였다.

그는 여섯 살부터 고아로 살았다. 두 살에 아버지, 여섯 살에 어머니를 보냈다. 열여섯 살 때 교통사고로 다리를 다쳤다. 강원도 탄광촌에서 일하다가 교통사고 탓에 서울에 왔다. 치료하기 위해서였지만 끝내 다리 한쪽은 완쾌되지 않았다. 그는 그게 다 하나님의 뜻이라고 했다.

"어렸을 때 부모님을 여읜 탓에 고아의 아픔을 알게 되었지. 갈 곳이 없어 양로원 등에 불려 다니느라 어르신들의 마음을 헤아릴 수 있게 되었고. 다리 한쪽이 불편해지면서 장애인의 고충을 이해하게 되었어."

'그 덕분'에 부모 사랑을 받지 못한 아이들, 자식 없는 어른들, 몸이 성치 않은 사람들을 자연스럽게 사랑하게 되었다고 했다. 다리 때문에 탄광촌에 다시 돌아갈 수 없었다. 장애인은 그곳에서 할 일이 없었다. 30대 중반, 서울에 그대로 눌러앉았다. 명동 근처였는데 다행히 일이 잘 풀렸다. 목수 일

- '명동대성당 100주년 역사사진전'에 참석한 정진석 추기경과 명동성당 세계문화유산 등록을 위한 추진위원회 구성에 대해 논의했다. 사진전 직후에 정 추기경과 포즈를 취한 필자.

을 하고 조그만 사업을 하면서 필요한 만큼의 돈을 벌었다.

나이 50줄에 가까워졌다. 일정 수익을 확보해 놓고 어렸을 때부터 마음먹었던 봉사의 길에 들어섰다. 명동성당 연령회에 들어가 돌아가신 분들을 위해 일했다. 장례식장이라는 곳이 따로 없었고 상조회라는 것도 없을 때였다. 교우들의 집이든 명동성당 영안실이든 가리지 않았다.

시신을 잘 모시고 장례 물품도 직접 준비하고 염도 하고 수의도 입혔다. 돌아가신 때부터 장지에 이르기까지 장례의 모든 것을 했다. 돌아가신 분의 염은 매우 중요한 절차였다. 따로 배우진 않았지만 들은 대로 정성을 다했다. 친부모 모시듯 했다. 직업적으로 염을 하는 사람이 별로 없어서 그가 하는 염습 행위가 그대로 모범이 되었다. 그는 훗날 그 일을 가르치기까지 했다. 성당 사람들이 그를 눈여겨보곤 종이 접는 법, 시신을 씻기는 일, 수의를 입히는 방법 등을 여러 사람 앞에서 시범 보이도록 했다. 그러면서 자연스럽게 기도 교육까지 맡아서 했고 영가를 부르기도 했다.

전국 성당을 거의 다 다녔다. 족히 100여 곳은 되었다. 봉사가 생활인 김진영 다니엘을 성당 교우들은 '예수님'이라고 불렀다. 그런 그를 어느 날 우연히 만났다. 그리고 그의 '아름다운 삶'에 대해 이야기를 들었다.

'나도 언젠가는 나눔을 실천해야지'라는 생각을 늘 하고 있던 때였다. 처음부터 대단하게 시작할 수는 없지만 적게라도 시작하고 싶었다. 남의 도움을 많이 받았기에 되돌려 주는 것이 마땅하다고 생각했다. 시련은 나에게 나눔의 미덕을 가르쳐 주었다.

김진영 다니엘의 자전거 짐칸은 저녁이면 빵으로 가득 찼다. 그는 짐 자전거에 빵을 잔뜩 싣고 즐겁게 동네를 한 바퀴 돌았다. 따뜻한 빵은 아니었지만 그래도 여전히 맛있는 빵이었다. 양로원 노인, 고아원 어린이, 장애인들에게 빵을 나누어 주었다. 굳이 그럴 필요가 없다고 했음에도 빵을 돌리면서 내 이야기를 꼭 했다. 어린아이들의 고맙다는 편지가 나간 빵보다 더 많을 정도였다. 그는 내게 더러 다른 지원

• 나눔에 대한 편지.

을 요청했다. 현금을 건네기도 했고 설탕을 나누기도 했다. 사제 서품이 끝나는 날에 어김없이 쫓아가 수십 명의 밥값을 냈다.

가끔 '나도 돈이 많지 않은데 내가 왜 이래야 하나'라는 의문이 들었으나 내가 할 수 있는 아주 작은 나눔이기에 마다하지 않았다. 집에서도 번 돈 다 퍼준다고 가끔 한마디씩 했다. 하지만 결국은 내가 행복하다는 것을 알았다. 후일 내가 자신해서 했던 많은 봉사활동과 장학회 그리고 바르게 사는 일 등은 모두 그때 깨우친 덕분이었다. 그는 구의회 의원 선거 때 나를 도와주기 위해 수십 년 계속했던 명동성당 연령회에서 탈퇴하기도 했다. 정치 활동을 같이할 수 없다는 규칙 때문이었다. 한참 세월이 흐른 후 나는 그에게 물었다. 왜 나를 그렇게 도와줬는지.

"도저히 정치할 것 같지 않은 사람으로 보였지. 상대는 이미 잘 알려진 사람이라 떨어질 게 뻔한데. 그래서 속으로 생각했지. 젊고 순수한 것 같은데 참 안됐다. 떨어지고 나면 상처 입을 텐데 그러지 말라고 기도라도 해줘야겠다. 그런데 가만히 보니 일을 열심히 하겠다는 말만 하지 상대방 헐뜯는 이야기를 전혀 하지 않는 거야. 정치하는 사람들은 입만 열면 남의 흉부터 보잖아. 특별한 사람일세 하고 다시 살펴봤더니 명동 등 중구를 누구보다 잘 알고 있는 거야. 실천력도 있다고 하고…. 개표할 때 열심히 봤지. 그런데 뜻밖에 엄청 센 사람을 물리치고 당선되는 거야. 명동 쪽은 오래전부터 민주당 쪽이었는데 그걸 깬 거지." 그의 말대로 인간사는 모두 관계였다.

을지로 지하상가의 노숙자들도 잊지 않았다. 비록 오래하지는 않았지만 얼마 전엔 나도 노숙자였다. 누구보다 그들의 심정을 잘 아는 편이었다. 노숙자들과는 뚜레쥬르를 하기 전에도 왕래가 있었다. 일주일에 두어 번은 찾아가서 소주잔을 나누었다. 처음 색안경을 쓰고 바라보던 그들은 나의 방문이 잦아지고 서울역 시절을 알고 나선 기다리기도 했다. 어쩌다 바빠서 찾지 못하면 은근히 핀잔을 주었다. 몸은 노숙자였지만 마음은 노숙자가 아니었다. 모든 것이 뜻대로 풀리지 않아 노숙을 하고 있었지만, 삶의 희망까지 완전히 포기한 것은 아니었다. 나는 그들과 이야기하면서 나의 삶을 더욱 단단하게 붙잡았다.

4개월여가 지나도 빵집은 여전히 적자였다. '우산 꽂은 짐 자전거'의 저녁 무렵 동네 한 바퀴도 계속되었다. 돈은 손해였지만 자전거에 빵을 실을 땐 참 행복했다. 아무것도 잘난 게 없는 나의 즐거움이었다. 그러던 어느 날 뜻밖의 이야기를 들었다. 나를 '빵 천사'라고 부른다고 했다. 부끄러웠다. 팔지 못하는 빵 몇 개로 그런 소리를 듣는 게 여간 미안하지 않았다. 그만둬야 하나 하는 마음마저 들었다. 그러나 계속 했다. 빵은 남았고 난 천사가 아니었고 천사 소리를 들으려 고 한 것이 아니었으므로 신경 쓰지 않기로 했다.

기자들이 찾아오기도 했다. 기사로 쓰겠다고 했다. 한사 코 마다했다. 그런데도 그들은 기어코 기사를 썼다. 그냥 빵 집 주인아저씨일 뿐인데 말도 안 되는 '천사'로 둔갑하고 있 었다. 다니엘을 빼고 내가 직접 자전거로 빵을 배달한 것처 럼 쓴 기사도 있었다. 그 덕분일까. 6개월여가 지나자 매출이 쑥쑥 늘어났다.

'같은 뚜레쥬르라도 그 집 빵은 특별히 맛있어.'

'다섯 번 구워서 따뜻한 빵을 먹을 수 있다고 하네.'

'빵이 부드러워. 사람 사는 온기도 스며 있고….'

소문이 입에서 입으로 퍼져나갔다. 내 고집이 나의 장삿 속을 이겼다.

젊은 날의 '뚜레쥬르 경영 신화'

뚜레쥬르 명동점은 매일 긴 줄로 장사진을 이루었다. 전국 매출 1위를 기록했다. 한국경제신문이 '젊은 날의 뚜레쥬르 경영 신화'라는 제목으로 청년 제과점주의 성공사례를 기사화했다. 그해 크리스마스이브에는 전국 방송을 탔다. MBC-TV가 '오늘만 같아라'라는 프로그램을 방영하면서 명동점과 나를 띄워주었다.

이브날 밤 눈이 펑펑 내렸다. 명동 뚜레쥬르 앞에 케이크를 산더미처럼 쌓아놓고 팔았다. 명동교자 케이크 배달 주문이 들어올 때는 여기저기 명동 거리의 인파에 밀리면서 배달하곤 했다.

케이크가 모두 팔릴 무렵이면 새벽 5시가 되었지만 피곤한 줄 몰랐다. 그때까지도 젊은 사람들이 쌍쌍으로 명동 거리를 누비고 다녔다. 명동성당에서 새벽 종소리가 울려 퍼졌다. 잠시 가게에서 눈을 붙이고 크리스마스 아침을 맞았다. 여느 때와 같이 빵과 케이크를 팔기 시작했다. 아침부터 다시 손님이 줄을 섰다. 어제

• 필자가 점주였던 뚜레쥬르 명동점이 전국 매출1위를 기록한 것은 빵을 조금씩 자주 구워내 따끈한 상태로 맛을 냈기 때문이다.

많이 내린 눈이 녹아 땅이 질척거렸다. 크리스마스이브보다 케이크가 조금 적게 팔리긴 했지만, 아내는 만족했다. 전날 잠 한숨 못 잤는데도 아내는 너무나 행복해했다.

이날 자정쯤 영업을 마감했다. 전날 케이크 판 돈과 이날 판 돈을 합치니 돈이 한 자루였다.

자전거에 돈을 싣고 집으로 쏜살같이 달려갔다. 아버지께서 기다리고 계셨다. "그날은 밤새도록 손에 침을 발라가며 평생 가장 행복하고 기쁜 얼굴로 돈을 세 고무줄로 묶었다"고 어머니께서 말씀하셨다.

'서울로 나를 떠나보내던 날 밤새 통곡하셨는데 그날 밤

은 밤새 행복하셨구나'라고 생각했다. 아버지가 너무나 보고 싶었다.

돈은 더욱더 빠르게 늘어갔다. 빵을 다 팔아 재고가 없는 날이 생겼다. 피곤하기도 해서 '저녁나절의 자전거 투어'를 빼먹고 싶을 때도 있었다. 하지만 그럴 때마다 마음을 다잡았다. 그들 덕분에 여기까지 왔는데 그럴 수 없었다. 기다리다 실망할지도 모르는 그들을 생각했다. 빵을 다시 구워서 짐 자전거에 싣기도 했다. 핀란디아도 번창했다. 뚜레쥬르도 늘 문전성시였다. 순풍에 돛 단 배였다.

4

구름이 어디로 흐를지
누가 알까마는

어쩌다 정치

인생이란 더러 전혀 뜻하지 않은 곳으로도 흘러가는 모양이다. 바이올리니스트를 꿈꾸다 나락으로 떨어졌고 무작정 상경해서 죽음 직전에 장사를 하고 사업을 해서 돈을 꽤 모으고 작은 봉사활동으로 선한 이미지까지 쌓았다. 모든 게 계획하지 않은 길이었다. 그저 그날그날 열심히 살았을 뿐인데 좋은 사람을 만나고 생각지도 않은 운이 따라와서 이룬 것이었다.

정치도 그랬다. 단 한 번도 생각해 보지 않은 길이었다. 그 대단한 일을 할 만큼의 이력도 없었으니 당연했다. 공부를 많이 한 것도 아니었고 특별히 잘난 것도 없는 보통 사람인데 뭘 어떻게 해서 남의 앞에 나서겠는가. 두 곳의 핀란디아를 살피고 뚜레쥬르를 경영하느라 정신없던 어느 날이었다. 느닷없이 KBS 앵커 출신의 서울 중구 국회의원 박성범 씨와 부인 신은경 씨가 만나자는 연락을 해왔다. 두 분 다 유명한 분이고 대단한 분이어서 나 같은 사람을 만날 이유가 없을 거라고 생각했지만 어쨌든 만남 자체는 영광이었다.

그들은 내게 구의회 의원을 한번 해보라고 했다. 어안이 벙벙해서 가만있는 내게 '여러 가지 소문을 많이 들었다. 우리 사회에 도움이 되는 젊은 사람이 필요하다. 서민들의 삶을 이해하고 대변할 수 있는 자리다. 사회봉사의 폭을 넓혀봄이 어떠냐'고 했다. 당시 기초의회 의원은 세비를 받지 않았다. 폼 나는 자리지만 굳이 따지면 봉사라고 할 수도 있었다. 돈은 충분했고 봉사할 마음도 있었지만, 구의회 의원은 아니었다. 길게 설명을 들을 필요도 없었다. '천부당만부당'이었다. 절대로 하지 않겠다고 했다. '절대 아니다'라고 했지만 설레긴 했다. 하고 싶고 할 수 있다는 것이 아니라 사회 지도층 인사로부터 그 정도의 대접을 받았다는 사실이 나를 얼떨떨하게 만들었다.

신은경 씨는 그 한 번으로 끝내지 않았다. 첫 방문 후 이틀이 멀다고 찾아와서 나를 이리저리 설득했다.

"기초의원은 꼭 정치라고 할 수도 없어요. 같은 동네

에서 함께 살아가는 이웃의 어려움을 전달하고 해결하면서 봉사하는 자리입니다."

"처음부터 정치 경험 있는 사람이 어디 있습니까. 하다 보면 느는 것이지만 그보다는 마음이 더 중요하죠. 남을 배려하고 다른 사람들을 감동시킬 수 있어야 합니다. 임용혁 사장님이야말로 그런 점에서 아주 적격입니다."

"진정으로 보통 사람들의 어려움을 헤아리고 그들을 위한 제도를 만들고 행정을 개선해 주는 조력자가 되어 보세요."

"한꺼번에 더 많은 일을 하고 더 많은 도움을 줄 수 있는 자리죠. 이것이 더 큰 나눔이고 봉사입니다. 해 보세요. 적극적으로 도와드릴게요."

틀린 말은 아닌 것 같았다. 딱 잘랐던 태도가 멈칫멈칫으로 바뀌었다. 만약 한다면 그 누구보다 깨끗하고 열심히 할 수 있었다. 고민 끝에 평소 좋은 이야기를 많이 해 주는 명동성당의 주임 신부님을 찾았다.

"구의회 의원을 해 보라는데 어떻게 할까요."

"할 마음은 있어요?"

"꼭 그런 건 아닌데 자꾸 듣다 보니 필요할 수도 있겠다는 생각이 듭니다."

"그럼, 하세요. 구의원은 봉사하는 자리니 구의원이 되어서 더 큰 봉사를 해 보세요."

가당치도 않았던 일이 현실이 되었다. 2002년 서울시 중구 구의원 선거에 출마했다. 주위 사람들이 '잘 결심했다'며 자기 일처럼 도와주었다. 향군 명동 동회의 회원들, 명동성당 사람들 그리고 그 옛날 구두닦이들이 모두 나섰다. 싸움은 쉽지 않았다. 상대가 워낙 이 동네에 잘 알려진 인물이었다. 게다가 상대는 민주당 쪽이었다. 명동은 전통적인 민주당 계열의 표밭이었다.

주변 지인들은 도우면서도 걱정이 태산이었다. 그러나 난 걱정을 많이 하지는 않았다. 대신 진짜 열심히 뛰었다. 명동성당도 부지런히 다니고 온 동네 사람들을 발이 부르틀 때까지 찾고 또 찾아다니면서 부탁했다. 어차피 하기로 했으니 최선을 다할 뿐이었다. 떨어지고 붙고는 나중 일이었다.

'농사를 짓는데 논이면 어떻고 밭이면 어떤가. 농부만 부지런하면 농사는 절로 잘 되게 마련 아닌가'라는 말을 자주 했다. 구의회 의원은 동네일을 잘 보면 되지 당색이 무슨 의미가 있느냐는 뜻이었다. 많은 사람이 맞다고 호응했다. 뜻밖의 바람에 고작 구의회 의원선거임에도 언론들이 관심을 보였다. 민주당 아성을 깬 의외의 결과였다. 4년 임기의 서울시 중구 구의회 의원이 되었다.

이때까지와는 완전히 다른 길에 들어섰다. 처음 해 보는

• 문화재보안시스템에 대해 설명하고 있는 임용혁 중구 의원.

일, 그러나 원칙은 같다고 생각했다. 돈을 벌게 해 준 객장의 손님이 유권자인 주민으로 바뀌었을 뿐이었다. 서비스 대상은 바뀌었지만, 서비스의 질은 같거나 더 우수해야 했다. 내게 일감을 주고 나의 새길을 뚫어준 중구 구민들. 나는 그들을 위해 봉사하며 바른 의정으로 감동을 주어야겠다고 마음먹었다.

중구는 특별한 곳이다. 남대문, 남산, 명동을 품고 있는 대한민국 문화·예술의 중심지다. 1970년대나 80년대 초까지도 명동은 찻집과 음악 감상실, 공연 공간이 즐비했던 예술의 거리였고 낭만이 있는 젊음의 거리였다. 대형 백화점과 고급 의상실이 줄지어 늘어선 패션의 거리였고 유행의 최첨단 지역이었다.

남대문에서 경복궁에 이르는 길은 역사문화의 거리다.

• 2006년 8월 서울 중구의회의 제134회 임시회 본회의를 주재하는 임용혁의장.

남대문 시장에서 명동을 관통하는 거리는 세계 어디에 내놓아도 빠지지 않는 쇼핑과 관광문화의 거리다. 남산 자락은 힐링의 길이고 충무로는 영화의 고장이었다. 다동, 무교동은 음식문화의 거리였다. 남대문로는 금융가, 을지로와 청계천은 건축자재, 공구의 거리였다. 명동을 중심으로 이곳을 한 바퀴 돌면 원하는 모든 것을 손에 넣을 수 있었다. 말 그대로 대한민국 서울의 중심지역구다.

다방 지하에 살면서, 레스토랑을 하면서, 빵집을 경영하면서 그냥 바쁘게 살던 명동이 구의원이 되자 새롭게 다가왔다. 한낱 구의회 의원에 불과하지만 새삼 사명감 같은 것이 불끈 치솟아 올랐다. 이곳을 위해, 이곳의 발전을 위해, 이곳에 뿌리를 내리고 있는 사람들을 위해 2002년부터 2010년까지 8년여간 정말 치열하게 고민하고 열심히 뛰었다. 2006년 재선에 성공하면서 구의회 의장을 맡기도 했다. 2010년 구청장 선거에 나섰다가 낙마할 때까지 중구의 사람들과 중구의 풍경과 중구의 세월을 함께했다.

'삼일고가' 재설치 철회

청계천 공사로 교통 대란이 일어난다는 여론이 높았다. 교통
난을 해결하기 위한 안으로 음성직 서울시장 특별교통보좌
관이 낸 의견은 철거한 고가차도를 재설치하자는 안이었다.
서울시는 고가도로 전체를 철거하되 교통 수요를 감안하여
남산 1호 터널에서 중앙극장을 잇는 새로운 고가 연결도로를
설치, 서울의 상징이 될 만한 구조로 건설한다는 계획을 세
웠다. 청계천 복원 공사와 연계하여 기존의 삼일고가도로를
철거하고 퇴계로 2가 교차로에서 명동 계성초등학교 앞까지
이어지는 '길이 230m, 왕복 4차로의 고가차도'를 다시 설치
한다는 것이었다.

서울시 관계자는 "교통분석 결과 삼일로에 일정 거리의 고가차도를 설치하는 게 교통흐름을 안정적으로 확보할 수 있는 것으로 나타났다. 인근 주민들의 반대 여론이 있지만, 전체를 생각하면 불가피하다"고 역설했다.

참으로 엉성한 기획이었다. 수평적으로 열린 도로 구조를 활용하여 교통 수요를 처리하면 될 일이건만 막대한 건축비를 들여 미관 해치고, 주변 상권 망치고, 지역발전을 가로막았다. 당연히 주민들이 들고 일어났다. 1976년 고가도로 건설 이후 20여 년 이상 피해를 봤으니 가만있을 리 없었다. 고가도로는 명동과 저동의 단절을 가져왔으며, 차량 흐름을 방해했고 보행을 어렵게 했다. 시대가 변했으니 생각도 바뀌어야 했지만, 탁상공론의 일부 공무원들은 '거시적인 판단' 운운하며 주민들을 그저 주저앉히려고만 했다.

명동의 문제를 누구보다 깊이 고민하고 있던 나는 주저 없이 고가도로 재설치 반대 운동에 앞장섰다. 지역의 구의회 의원으로서 해야 할 일이었지만 혈세 낭비를 두고 볼 수 없었다. 하지만 고가도로 재설치를 기획한 시 관계자들은 들으려고 하지 않았다. 다수의 전문가가 오랫동안 연구해서 만든 것이니 그냥 이해하라는 식이었다.

그 전문가라는 사람들은 현장에 제대로 나와 보지도 않고 시의 의견을 받아들여 설계했을지도 모를 일이었다. 설사 조금의 교통 불편이 있더라도 더 많은 이익이 있으면 그리하는 것이 맞다는 것이 나의 신념이었다. 결코 지역 이기주의가 아니었다. 1호 터널 진입 부분을 토목공사로 깎아내고 종로 방향 첫 골목에서 P턴을 할 수 있도록 하면 그만이었다.

몇 차례 담당자들을 설득했지만 도대체 말이 먹히지 않았다. 심지어 서울시 교통, 건축 라인을 맡고 있는 책임자가 쌍소리까지 해댔다. 달리 방법이 없었다. 음성직 서울시장 특별 교통보좌관을 찾아가 담판했다. 지역민이자 구의회 의장의 신분으로 '사태의 본질'을 설파했다.

음성직 보좌관은 난색을 표했다.

"예. 임 의장 말대로 고가 연결도로를 포기하고 교통 대책을 완료하려면 도로부지를 사들여야 합니다. 예산상의 문제도 있지만, 주민들의 '알박기' 수준의 협상 전략으로 시일이 오래 걸려 언제 끝날지 모르는 상황이 될 수도 있습니다."

"그렇다면 문제는 간단한 것 아닙니까."

"주민들을 설득하는 일이 만만찮습니다."

"시가 예산만 마련해 주면 주민 설득은 제가 알아서 하겠습니다. 보다 많은 사람이 고가도로 재설치를 반대하고 있습니다. 가능한 한 이른 시일 내에 시가 제대로 일을 추진 할 수 있도록 하겠습니다."

"그렇게 합시다. 임 의장님, 고맙습니다."

• 　삼일고가차도 재설치 반대 집회에서 피켓 시위를 하는 필자.

　담판 후 한동안 바빴다. 예상은 했지만 불이익을 보게
될 몇몇은 내심 불만이 많았다. 지역 주민들을 상대로 다시
한번 설명회를 열었다. '더러 손해 보는 일이 있을 수 있지만
결과적으로 보면 모두에게 도움이 된다. 그러니 함께 나가
자'는 내용이었다. 아무런 득을 볼 리가 없음에도 열심히 뛰
어다니자 결국 진심을 알게 된 주민들이 모두 자신들의 땅을
도로부지로 내놓았다.

　그렇게 해서 남산 1호 터널을 시내 방향으로 진출하여
명동으로 진행하려는 차량들은 세종호텔 방향으로 좌회전을
하는 것이 아니라 오른쪽 첫 골목에서 우회전을 하여 P턴을
함으로써 원하는 방향으로 진행할 수 있는 현재의 모양이 되

었다. 서울의 모습이 달라졌다. 지금 외관 문제로 고가도로를 차례로 철거하고 있는 것만 봐도 알 수 있다.

고가도로가 없어졌고 주변 건물들이 제 모습을 다 드러냈다. 시원하고 깨끗했다. 외관상 경관도 훨씬 훌륭해졌다. 그러나 그보다 더 좋은 것은 주변 상권이 완전히 살아난 점이었다. 덕분에 세종호텔부터 충무로와 명동역, 그리고 맞은편과 영락교회 뒤편 지역 상가가 수십 년 만에 활기차게 돌아갔다. 이익은 오롯이 주민들의 몫이었다.

서울시장과의 담판

1995년 국가안전기획부가 서초구 내곡동으로 이전했다. 1979년 청와대 안가에서 박정희 대통령을 살해한 김재규 중앙정보부장이 남산 입구에서 중앙정보부로 가느냐, 국방부로 가느냐로 한순간 고심했던 그 '남산 안기부(옛 중앙정보부)'다. 그때 만약 김재규가 차를 국방부로 돌리지 않고 원래 생각대로 중앙정보부로 갔으면 우리 역사는 또 달라졌을 것이다. 조순 시장은 안기부 건물을 매입, 건물 22개 동을 철거하고 공원을 조성하여 1997년부터 일반에 개방했다. 하지만 철거 후 남은 3개 동의 쓰임처에 대해 말이 많았다.

서울시는 본관 건물의 지상 부분은 시정개발연구원, 지

하 3개 층은 서울종합방재센터로 사용하면서 나머지 별관 건물을 실내체육관과 도시철도공사 연수원으로 사용했다. 남산 옛 안기부 건물의 소재지는 행정구역상 '서울시 중구 예장동 산 4-5, 산 5-58번지'였다. 서울시가 마음대로 쓸 곳이 아니었다. 동국대학교, 서울예대, 숭의여대, 숭의여중고, 리라공고, 계성여중고 등 학교들이 많아 청소년을 위한 공간으로 활용할 가치가 있었다. 명동, 퇴계로 등 도심에서도 쉽게 찾을 수 있고 한옥마을과도 가까운 '도심 속 자연 공간'이었다.

서울시 시정개발연구원의 몇몇 사람이 독차지해선 안 되는 곳이었다. 무엇보다 도시공원법에 어긋나는 행위였다. 그런데도 서울시는 반대 운동을 하는 시민운동가들의 눈치를 보면서 은근슬쩍 별관으로 사용할 계획을 밀어붙이면서 한편으론 시민들에게 돌려줄 것인 양 유화책을 쓰고 있었다.

그동안의 서울시 행태로 보면 믿을 수 없었다. 1995년 조순 당시 서울시장은 옛 안기부 건물을 '남산 제 모습 찾기' 사업지로 선정, 공원 시설 용도에 적합하도록 사용한다고 했다. 그러나 그 뒤를 이은 고건 시장은 1998년 "대형 재난이 발생할 경우 구조와 사고 수습의 지휘본부 역할을 할 수 있는 종합방재센터를 옛 안기부 본관 건물 지하 벙커에 설치하는 방안을 추진하겠다"며 말을 뒤집었다.

말도 안 되는 행정편의였다. 고건의 서울시는 '옛 안기부 건물이 공원시설은 아니나 공원 구역 안에서 공원시설이 아닌 공작물의 신, 개축 또는 증축은 공원관리청의 허가를 받아 공원을 점용할 수 있게 되어 있고 당시 중앙정보부에서 관련 규정에 의거해 공공청사를 신축했으므로 법률 위반이 아니다'라며 무슨 말인지도 모를 억지 논리를 폈다.

서울시의 어정쩡한 태도는 고건 임기 4년간 이어졌다. 그 뒤 2002년에 당선된 후임 서울시장은 그래도 조금은 유연한 자세였다. 구의회 의원으로서 막 활동을 시작했지만, 누구보다 옛 안기부 터의 시민 환원을 주장했던 터여서 서울시장에게 상담을 요청했다.

"서울 시민이 거주하는 모든 주택과 건물에 허가받지 않은 건축 시설을 하면 도면과 다른 부분 일체에 대하여 철거를 요구하고, 불응하면 벌금부터 강제이행금 부과 등의 강력한 행정조치를 하고 있습니다. 이는 도시 전체의 건축물에 대한 통일된 원칙을 적용하여 기능과 미관을 유지하기 위한 필수적인 조치라고 할 수 있습니다. 공원법상 시 공원은 시민이 활용할 수 있는 시설(도서관, 유스호스텔)만 가능한데, 서울시는 공원법을 위반하고 있지 않습니까?"

당시 서울시장은 관련 국장들을 불렀다.

"지금 임 의장이 지적한 말이 맞습니까?"

며칠 후 서울시장은 "남산은 원래 도서관과 같이 시민들이 이용하는 시설만 들어서게 되어 있다는 사실을 최근에 알았다. 소방방재본부 이전 계획을 취소하겠다. 시민들에게 돌려주겠다"고 확실히 밝혔다. 2003년 3월이었다. 그리고 그곳엔 유스호스텔이 들어섰다. 오랫동안 많은 사람이 애를 써왔고, 결국 이루어냈다.

성낙합 구청장 그리고
사회안전망 구축

2004년 성낙합 전 남대문 경찰서장이 '반수' 끝에 서울중구청장이 되었다. 그는 경남 창녕 태생으로 행정고시 출신이다. 거제경찰서장, 부천중부경찰서장, 경남지방경찰청 차장 등 경찰공무원으로 평생을 보낸 사람이었다. 2002년 한나라당 후보로 중구청장에 출마했으나 새천년민주당 김동일에게 밀려 낙선했다. 김동일의 제17대 국회의원 선거 출마로 치러진 보궐선거에 재도전, 당선되었다.

그는 매우 활동적이었다. 좋은 구청장이 되기 위해 뛰는 것이 느껴졌다. 같은 당이기도 하지만 노력하는 그에게 도움을 주고 싶었다. 남대문경찰서장을 했으므로 지역을 아주 모르지는 않았지만, 중구 전체에 대해선 모르는 게 많았다.

성 구청장은 그것을 숨기지 않았다. 명동에서 잔뼈가 굵은 나에게 드러내 놓고 도움을 청했다. 명동 밑바닥에서 시작, 구의원까지 되었으니 중구 최고의 전문가가 아니냐며 함께 중구청 발전을 도모해 보자고 했다.

"임 의원님은 그 누구보다 중구를 잘 아시죠. 뭘 해야 하는지 코치 좀 해 주세요. 우리 구민들을 위한 일이라면 뭐든지 해 보겠습니다."

"동네 사람으로야 오랜 시간을 보냈죠. 하지만 전체를 바라본 건 기껏 2년이라서 저 역시 아직 다 모릅니다."

"그래도 기본 바탕이 있으니까. 비즈니스 노하우도 있고, 사심 없이 제대로 의정활동을 하고 있다는 평을 듣고 있습니다."

"이건 어떨까요."

"해야 할 일이 있습니까."

"중구는 화려한 동네죠. 명동에 남대문시장, 그리고 국내 굴지의 기업 본사가 있으니 대한민국 최고라 할 수 있습니다. 그런데 눈에 보이지 않는 어두운 구석이 꽤 많습니다. 명동에서 10여 분만 걸어가면 회현동 쪽방촌인데 못사는 사람들이 많습니다. 만리동 등도 크게 다르지 않습니다."

"기초수급대상자를 위한 지원이 있을 텐데…."

"예, 있죠. 그런데 그분들은 기초수급대상자가 아닙니다. 차상위 계층이라 어떤 지원도 받지 못합니다."

"주로 어떤 분들입니까."

"군대 내무반이 언제 가장 춥습니까. 한겨울은 오히려 따뜻하죠. 난로를 피우니까 더러는 덥기까지 합니다. 그런데 조금 따뜻해졌다고 난로를 철거한 3월의 밤은 엄청 춥잖아요. 그런 경우라고 생각하면 됩니다. 통계상 잘 안 잡힙니다. 딸, 아들이 세법 살지만 보살피지 않고 방치해도 알 수가 없는 거죠. 실제로 얼마 전엔 돌아가신 지 10일이나 지난 후에 알게 된 일도 있었습니다. 혼자 사시는 분이라 챙기는 사람이 없었던 탓이죠."

"충분히 그럴 수 있겠군요. 이를테면 독거노인들인 거군요. 그런데 그분들을 어떻게 도와야 할까요. 예산은 따로 없던데…."

"없습니다. 중구의 저력을 활용해야죠."

"저력이라면?"

"지구 내 대기업들의 도움을 받아야 할 겁니다. 관내 차상위계층은 대략 5천 명에서 6천 명 사이입니다. 기업들이 돕겠다고 나서면 100% 충분하지는 않겠지만 기초수급대상자 수준의 절반 이상은 가능하리라고 봅니다."

"기업들이 잘 움직일까요. 힘으로 누를 수도 없는 일일

테고."

"기업들을 어떻게 힘으로 움직이겠습니까. 어쩌다 한 번쯤은 가능할지도 모르죠. 이것저것 걸리는 게 많으니까. 하지만 오래 가자면 그들이 알아서 움직이도록 해야겠죠."

어떻게 하면 기업들이 자발적이고 적극적으로 움직일까. 구청장과 머리를 맞댔다. 구청이 먼저 움직여야 했다. '찾아가는 행정'을 펼치기로 했다. 기업들이 필요로 하는 행정 편의를 제공하는 것으로 이를테면 법인세 절세 방법 등을 전수했다. 구청 주도의 기업체 대표 회의에서 도움이 될 만한 정보를 제공했다.

처음 기업체의 과장급들이 회의에 참석했다. 하지만 내용이 충실하고 필요하다고 생각하자 격을 높여 담당 이사들이 참석했다. 회의가 있는 어느 날 구청장이 내게 인사말을 부탁했다. 구의회 운영위원장 자격이었지만 일부러 인사말을 할 위치는 아니었다.

말주변이 없는 편이었다. 그러나 진심을 다해 관내 어려운 사람들의 이야기를 했다. 구청이 전 같지 않게 열심히 도와주고 있으니 기업들도 그 정도는 해야 하지 않겠느냐는 반응들이었다. 기업엔 그런 예산이 있었다. 세금 아닌 세금으로 뜯기기도 하는데 좋은 일에 알아서 협조하니 그들도 좋아했다.

관내 20개 대기업을 뽑았다. 기부금은 각자 형편대로 하도록 했다. 순식간에 20억여 원의 돈이 모였다. 그 돈으로 지원 인력을 뽑아 관내 15개 지역 보건소에 배치했다. 그들은 매일 보살펴야 하는 어른들을 찾았다. 더러 필요한 생필품을 사 들고 찾아가 근황을 점검했다. 적어도 챙기는 사람이 없어 돌아가거나 사후 몇 날 며칠 동안 방치되는 경우는 없었다.

차상위계층을 돕는 기업들의 후원금은 기업에서 담당자, 담당자에서 지원인력, 지원인력에서 대상자로 바로 연결되었다. 기업들 돈이니 구청에서 간섭하거나 관여할 일이 아니었다. 기업 중 몇몇은 자매결연 비슷한 관계를 맺고 모자라는 부분을 직접 더 지원하기도 했다.

기업들도 기분 좋게 기부했고 도움받는 사람들은 늘 고마워했다. 그들뿐 아니라 관내 많은 사람이 구청을 보는 눈도 달라졌다. 성낙합 구청장은 매우 의욕적으로 일을 처리했다. 그의 인기가 올라갔다. 구청장은 아이디어를 준 나를 특별히 대해줬다. 고맙다는 인사를 만날 때마다 하면서 구청 행사가 있으면 돋보이는 자리에 서게 했다.

훨씬 더 많은 일을 할 수 있는 사람이었는데 너무 일찍 갔다. 구청장 재임 2년이 채 안 된 2006년 심근경색으로 세상을 떠났다. 지병이었지만 선거 스트레스가 한몫한 것 같아서 마음 한구석이 오랫동안 찜찜했다.

'사회안전망 구축 사업'도 있었지만, 성낙합 구청장은 인기가 꽤 있었다. 경찰 특유의 딱딱함이나 오만함이 없었다. 부드럽고 소탈한 데다 열심이다 보니 그를 만난 구민들은 너나 할 것 없이 좋아했다. 재선은 보나 마나였다. 그런데 다른 이야기가 들렸다. 공천을 받지 못할 수도 있다는 것이었다. 처음엔 설마 했다. 그러나 직접 확인했다. 그 이유가 석연찮았지만, 뒤를 알고 나니 정치권에 대한 역겨움을 참지 못할 정도였다.

선거 이야기가 한창일 때 당의 한 인사가 나에게 구청장 출마를 권유했다. 구의회 의원 고작 4년이어서 언감생심 꿈도 꾸지 않을 때였다. 당연히 거절했다. 그는 계속 권했지만 사실 그러면 안 되는 위치였다. 내가 공천을 받으면 성 구청장은 어찌 되는가. 그토록 열심히 한 분인데 실망이 얼마나 클 것인가. 내 제안을 흔쾌히 받아들여 멋지게 일을 처리했고 그 후로도 많은 일을 같이 한 사람에 대한 의리가 아니었다. 내 자격이 어떻든 간에 구청장 출마 제의를 받아들였으면 아마도 구청장이 되었을 터였다. 당시 분위기가 그랬다. 우리 당 사람이 무조건 되는 판이었다.

그렇지만 눈앞의 '작은 이익' 때문에 성 구청장을 밀어낼 수는 없었다. 나는 그가 재선을 할 수 있도록 도와주어야 하는 사람이지 그 자리를 뺏으면 안 되는 사람이었다. 성낙합 구청장도 소문을 들은 듯했다. 소문이 아니라 그는 진즉 알고 있었다. 왜 자신을 빼려고 하는지 그 이유도 모르지 않았다. 그런저런 일이 그를 열 받게 했고 그 스트레스가 심근경색을 불렀을지도 모를 일이었다. 내 생각은 지금도 그렇다. 중구 구민들에겐 참 안타까운 일이었다. 살면서 보니 그런 일이 비일비재했다.

미완으로 끝난
명동 지구단위계획

아니, 왜 반대하지

2006년 12월 서울시 도시건축공동위원회가 명동 관광특구 지역을 중심 상업지역으로 지정했다. 명동 54번지 일대 10만여 평(331,000평방미터)이었다. 서울시에선 처음이었다. 중심 상업지구가 되면 여러 가지 특혜가 많았다. 명동 지구단위계획, 그것은 명동을 명동답게 꾸밀 수 있는 절호의 기회였다. 명동은 고립무원의 나를 포근하게 감싸 준 마음의 고향이다. 내 청춘이 고스란히 담겨 있고 내 꿈이 한 알 한 알 무르익어 온 곳이다. 무일푼으로 흘러들어와 아담한 건물주가 되었다.

나눔과 배려와 감동을 배웠으며 특별히 잘나지도 않았는데 구의장, 부회장, 상임감사를 만들어 주었다.

명동에 진 신세를 갚자. 명동은 옛날 명동이 아니다. 여전히 화려했으나 20여 년 전 그대로다. 변하지 않았고 변할 수도 없었다. 지역 특성을 고려하지 않은 일률적인 규제 탓이었다. 명동 땅값은 언제나 전국 최고였다. 한 평이 웬만한 시골 동네 전체와 값이 비슷했다. 당연히 다른 룰이 적용되어야 하지만 특혜의 틀에 갇혀 꼼짝달싹 못 했다.

명동의 건물들은 오래전에 지어졌다. 1962년에 지어 40년이 넘은 건물이 전체의 42%나 되었다. 70%의 건물이 20년 이상 손대지 않았다. 세상도 변하고 사람도 변하는데 건물을 변하지 못하고 매일 그 모양 그 타령이니 발전할 수 없었다.

이유는 간단했다. 30~40년 전 명동 건물은 대충 짓고 싶은 대로 지었다. 50평이면 50평을 지었고 100평이면 100평에 건물을 올렸다. 건축법이니 도시 계획법 등이 허술했던 시절이어서 가능했지만 모든 게 법제화되면서 상황이 싹 달라졌다.

특히 1993년 제정된 건축조례로 건폐율이 60%로 하향 조정되면서 누구도 새롭게 뜯어고치려 하지 않았다. 옛날 법대로, 아니 법을 뛰어넘어 마구 지었을 때는 건폐율이 90%였다. 주차장도 짓지 않아도 그만이었다.

하지만 건물이 낡거나 안전하지 않아서 새로 짓자고 하면 절반 규모니 누가 가만히 앉아서 50%의 재산을 까먹으려고 하겠는가.

신축이나 증·개축이 없는 명동. 겉모습은 그 옛날 화려함을 겨우겨우 유지하고 있었지만 알게 모르게 죽어가고 있었다. 명동 지구단위계획, 그것은 깔딱 숨을 쉬는 명동에 자연의 신선한 바람을 공급해주는 활력소였다. 계획을 세우고 최종 가결 때까지 2년여가 걸린 작업이었다. 그것도 막판 한 차례 심의 보류라는 고비를 넘긴 뒤에 도시·건축공동위원회가 수정 가결해서 빛을 보게 되었다.

우리는 우리대로 의견을 모았다. 혹시 뒤틀릴 때를 대비했다. 2006년 5월 로얄호텔에서 주민 협의체 30여 명을 대상으로 설명회를 했다. 11월의 2차 설명회를 명동성당 소강당에서 열었다. 서울시, 중구청 지구단위계획 담당자, 토지주, 건물주, 일대 상인 100여 명이 참석했다. 이번 참에 명동 길, 지역 내 광장 설치, 조경, 가로시설물 설치 옥외광고물을 정비하자고 역설했다. 모두들 찬성했다. 예산 100억 원을 확보했다. 해야 할 일을 했을 뿐인데 서울시와 중구청 관계자가 고맙다는 인사를 했다.

그런데 중구의회 의원들이 반대하고 나섰다. 사업 초기

들어가는 예산 7억 원을 중구청이 부담해야 하기 때문이었다. 그 돈 7억 원은 '명동 지구단위계획 지정'에 필요한 용역비였다. 발주가 되어야 일을 시작할 수 있었다. 의원들은 정부가 그마저 부담하라며 난색을 표했다. 상가는 명동에 있지만, 건물주는 거의 대부분 중구민이 아니므로 중구청이 부담해야 할 이유가 전혀 없다고 했다.

나무만 보고 숲을 보지 못하는 단견이었다. 중구가 잘되면 결국 구민들이 혜택을 본다. 그보다는 명동이 살면 서울 관광이 사는 일 아닌가. 아니, 이게 우리 동네를 위해 얼마나 좋은 일인데 틀어버리려고 하는가.

"명동을 살리는 일입니다. 7억 원이 아니라 70억 원이라도 감당해야 합니다. 길게 보아야 합니다. 7억 원이 7백억 원이 되어 되돌아올 수 있고 후대에 정말 멋진 '세계적인 관광 명동'을 물려줄 수 있습니다. 그것이 아니더라도 우리는 그동안 많은 지역 기업들의 도움을 받지 않았습니까. 사회안전망 구축 때도 20개 기업이 20억 원을 기부해서 우리 지역 차상위 계층의 어려운 분들을 보살필 수 있었습니다. 지금 당장이 아니라 10년, 100년 후를 생각해야 합니다. 나가서 사람들에게 물어보세요. 그들이 원하는지 아닌지."

의회가 동의했다. 만장일치에 가까웠다. 2006년이 저물어가던 12월 말 '명동 가꾸기 운영위원회' 첫 회의를 열었다. 명동을 '빛 나들이 거리'로 조성키로 했다. 일대의 7개 구역에 루미나리에를 설치, 밤 시간 관광객과 쇼핑객을 유치하기로 했다. 디자인은 훈민정음이나 숭례문을 최대한 활용하자고 했다. 일사천리였다. 회의에 참석한 모든 사람이 수고했다며 악수를 청했다. 하지만 다음 회의 때 난리가 났다. 악수를 청했던 그들이 모두 돌아섰다.

"아니, 젊은 의장이 잘한다고 했더니 이게 뭔가. 정말 잘된 것이라고 하고 우리가 보기에도 괜찮아서 동의하고 신나서 하자고 했더니 막판에 가서 막아버리지 않았는가. 그럴거면 우린 안 하겠네. 그냥 지금처럼 지낼 테니 그동안 했던 이야기는 없던 것으로 하세."

일리 있는 말이었다. 구의원을 지낸 상가 번영회장이 결정타를 날렸다.

"그만두는 게 좋겠네. 그렇게 하면 할 사람이 아무도 없네. 더 이상 나서면 자네만 욕먹을 걸세."

그 역시 맞는 말이었다. 하지만 그만둘 수 없었다. 어떻게 해서 여기까지 왔는데 포기한단 말인가. 문제는 풀라고 있는 것 아닌가.

"욕먹는 것이 두려우면 올바른 일을 하지 못합니다. 욕은 제가 먹겠습니다"라고 말했다.

문제는 개발 평수였다. 지구계획의 요체는 오랜 규제를 풀어 현실에 맞추는 것이었다. 60%의 건폐율을 올리고 용적률을 800%까지 허용했다. 건폐율 90%면 실제로는 100%였다. 건축에 필요한 최소한의 여유 공간이 필요하므로 현재와 같다. 용적률 800%면 5층 건물을 13층까지 올릴 수 있다. 그런데 평수 제한이 발목을 잡았고 건물주들이 '누구 망하는 꼴 보고 싶으냐'며 악수하던 손으로 삿대질을 해댔다.

"미처 생각하지 못한 문제가 맞다. 하지만 규제를 풀 때는 잘해보자는 뜻이었지 누굴 망하게 할 뜻은 없었던 거다. 그것마저 풀면 되지 않겠는가."

"규정이 그렇다는데 어떻게 바꾸겠어. 우리 모두 안 하겠네."

지구단위계획에 따르면 개발 최소단위가 100평이었다. 지침으로 못 박아 놓았다. 그 지침에 맞추려면 여러 개의 건물주가 공동개발을 해야 했다. 아무도 원치 않았다. 복잡한 공동개발이라면 굳이 할 필요가 없었다. 반발하지 않는 게 이상할 정도였다.

지침은 그러나 어디까지나 지침이었다. 법도 아니어서

융통성이 있으리라고 생각했다. 서울시에 들어갔다.

"명동 54번지 일대 9만7천7백 평 중에서 100평 이상의 땅을 소유한 사람은 몇 안 된다. 전체의 60% 이상이 그 이하다. 심지어 10평, 20평을 가지고 있는 사람도 있다. 100평으로 묶어 놓으면 하지 말라는 것이나 다름없다. 지침을 바꾸어야 한다. 100평 규제는 다른 곳이라면 문제 되지 않을 것이다. 하지만 명동은 다르다. 벌써 수십 년 전국 최고의 땅값 기록을 이어오고 있다. 명동은 100평 단위의 개발이 불가능한 곳이다. 단지 지침이지 않는가. 일본 도쿄를 가봐라. 10평, 20평인데도 높게 건축돼 있다."

갑론을박이 이어졌다. 그러나 평수 제한을 없애는 것이 '중심상업지구' 지정의 뜻을 살리는 것이라는 의견에 대부분 동의했다. 또한 도쿄 사례를 들어 설득한 것이 받아들여져서 평수 제한 지침이 마침내 삭제되었다. 기왕지사 말 나온 김에 한 가지 더 보탰다.

"명동은 차 없는 거리다. 그 방침은 앞으로도 계속되어야 하고 더 늘려가야 한다. 주차장에 관해 조금씩 다른 이야기가 있다. 차 없는 거리에 주차장이 왜 필요한가. 주차장 설치 규정을 아예 없애야 한다. 대형건물이라고 있어야 한다고 주장하면 그 역시 원래 취지에 맞지 않는다."

주차장 문제도 깔끔하게 처리되었다. 혹이라는 혹은 모

두 떼었다. 당연히 급물살을 탔다. 건물주들의 신뢰가 높아졌다. 그들을 향해 한 마디 던졌다. 건물 앞 노점상 문제도 이 기회에 풀자. 모두 그러겠다고 했다.

명동 지구단위계획의 꿈

머릿속엔 이미 세계적인 관광명소 명동의 그림이 그려져 있었다. 파리는 200여 년 전 나폴레옹 3세 시대에 기획되었다. 왕과 설계자이며 집행자인 오스만이 20여 년 공들여 지금의 파리가 되었다. 개발 당시 부작용이 없지 않았지만, 후대들은 '잘 만들어진 도시 하나'로 잘 먹고 잘 살고 있다.

국가 지도자의 정책 하나가 국민의 삶의 질을 아주 많이 높일 수도 있고, 고통을 주기도 한다.

'크고 작은 문화재급 건축물, 2개의 숲, 3개의 공원, 19개의 광장'은 힘들겠지만 알차고 멋진 작은 공간은 만들 수 있었다. 파리가 이루지 못한 '15분 도시'는 오히려 더 쉬웠다. 도보와 자전거로 15분 이내에 의료, 일자리, 휴식, 쇼핑, 공연·전시 등 생활을 할 수 있도록 하자는 것인데 명동은 '걸어서 10분 도시'가 가능했다.

명동은 지구상에 다시 없는 '미로'의 세계다. 좁은 지역

- 위 사진(©Wikimedia Commons)은 샤를 마빌이 촬영한 1850년대 파리의 골목, 지저분하고 허름한 건물이 밀집해 있었다. 오스만 남작의 파리 개조사업으로 파리는 멋진 상업지구로 거듭났다. 아래는 현재의 파리 상업지구인 라데팡스 D2타워 전경(©Shutterstock). 필자가 제안하고 있는 명동지구단위계획도 역세권의 용적률과 건폐율을 혁신적으로 높여 역세권 융주상복합건물로 변경하는 것으로 뼈대로 하고 있다. 스토리텔링을 반영한 건축 디자인을 통해 세계적 관광명소로 만들 수 있는 대안이다.

에 오밀조밀 모여 있다 보니 그렇게 된 것인데 어느 날 그것이 훌륭한 관광 상품이 되었다. 함께 가면서 이야기하다가 갑자기 일행을 놓치는 재미 아닌 재미를 세상 그 어느 곳에서 맛볼 수 있을까. 명동에서 수십 년을 살아도 그 골목을 다 알지 못한다. 골목이 골목으로 이어지고 앞길과 뒷길이 묘하게 연결되고 골목 삼거리, 사거리에 이어 오거리까지 있어서 그야말로 독해 불가다.

뻔한 면적에 수백, 수천의 가게가 들어서면서 만들어진 미로다. 1백여 년 세월이 만든 야릇한 작품이다. 천재 도시계획 설계자라도 만들 수 없는 불가사의다. 미로 명동과 현대 명동과 미래 명동은 세계에서 가장 촘촘하지만 다양하고 활력에 넘치는 마을. 도시 디자인 전문가 그룹이 10만 평에 대한 전체 그림을 그린다. 한 폭의 도시 풍경화처럼 아름답다. 그 디자인에 맞춰 아담한 5층 건물부터 30층 건물이 미학적으로 배치된다.

건물은 획일적이 아니다. 전체적인 미관이 우선이나 개성과 멋이 있어야 한다. 높이에 따라 다르고 크기에 따라 다르다. 큰 길가와 코너, 골목 안쪽과 바깥쪽 역시 다른 모습이다. 본 듯 아닌 듯 다른 듯 같고, 같은 듯 다르다. 다른 골목인가 하면 같은 골목길이고 조금 전 그 길인가 싶어 돌아가려고 하면 새로운 길이다.

3평에서 7~8평에 이르는 '작은 숲' 10여 개가 걷고 또 걷다 지친 다리에 휴식과 힘을 준다. 1층은 쇼핑몰, 카페, 식당이 들어서고 상층부는 계획에 따라 문화공간, 생활공간이 된다.

용적률 800%면 가능한 15층 건물의 쓰임새가 기준이다. 새 지침이면 5층 건물주는 15층을 올릴 수 있다. 5층에서 1, 2층을 더해 7층까지는 상업 목적으로 사용한다. 8층 정도엔 문화, 스포츠 시설이 들어서고 남산을 마주해 뷰가 좋은 15층과 옥상은 쓰임새가 매우 다양하다. 9층부터 14층까지 6개 층은 생활공간으로 활용한다. 원룸이나 살림집이다. 5인 이상의 가족은 힘들겠지만 3인 가족까지는 충분히 살 수 있도록 설계한다.

5층 건물은 생활공간이나 문화공간을 짜내긴 힘들다. 하지만 10층 이상이면 생활화가 가능한 여러 가지 방법을 만들어 낼 수 있다. 명동의 한창때 하루 유동 인구는 30만 명~40만 명. 그야말로 인산인해다. 가만히 서 있고 싶어도 떠밀려 움직이게 되고 옆 사람의 숨소리까지 들을 수 있다. 그러나 그 많은 사람 중에 그곳 명동에 사는 사람은 없다.

밤이면 모두 각자의 집으로 간다. 늦은 밤에도 인적이 끊기진 않지만 '홈 스위트 홈'은 없다. 한 평 땅값이 수억 원인데 어찌 살림집을 들일 수 있을까. 5층 건물을 15층으로 올리면 정부가 특혜를 주는 6개 층 이상은 값싸게 임대할 수 있다. 신축이나 증·개축 허가를 내줄 때 건물 용도에 대해 미리 조건을 다는 것이다. 건물주는 어차피 건폐율만으로도 충분히 혜택을 본다. 추가 층수에 대해 원원할 수 있다면 마다할 리 없다. 실제로 논의 과정에서 건물주들은 대부분 찬성했다.

추가 층수에 대해 일정 부문 정부 예산이 들어가면 더욱 바람직하다. 반값 아니라 반의반 값도 가능하다. 입주자들도 마음 편할 수 있다. 하지만 굳이 그렇지 않아도 된다. 개인이 개발비를 투자하지만, 개발비 이상의 수익을 올릴 수 있다.

흘러가는 명동이 수천, 수만의 사람 사는 마을이 되어 머무는 명동으로 탈바꿈하게 되는 것이다. 명동의 거주민들은 대부분 명동이 직장인 사람들로 채워질 가능성이 크다. 그렇게 유도해도 되지만 저절로 그렇게 흘러갈 터. 이들은 10여 분만 걸으면 출퇴근 등 모든 활동을 다 할 수 있다. 10층 이상이면 되고 30층짜리라면 대규모 베드타운으로의 변모가 가능하다.

해가 뉘엿뉘엿 질 때면 명동은 또 다른 모습이 된다. 밤의 상점주 노점상이 늘 그랬듯 장사를 시작한다. 행상에서 좌판으로, 좌판에서 설판으로, 설판에서 바퀴 달린 리어카로 변했지만, 그들 역시 명동의 역사다. 명동이 생길 때부터 그곳에 머물렀다. 어떤 이는 모자만 팔고 어떤 이는 껌과 담배만 팔고 어떤 이는 구제품을 팔고, 또 어떤 이는 오뎅과 떡볶이를 팔아 아들, 딸 대학 보내며 수십 년 생활했다. 불법이니 뭐니 하면서 철마다 단속이 떴고, 그때마다 이리저리 쫓겨 다녔지만 언제나 변치 않는 명동의 밤 풍경이었다.

그들을 빼고 명동의 그림을 그릴 수 없다. 개발의 이름 아래 그들이 설 자리를 뺏는 건 죄악이다. 함께하고 같이 살아가야 그것이 참 명동이다. 볼품없는 노점상의 진열대를 미학적으로 바꾼다. 단청을 곁들인 멋진 수레가 될 수 있고 또 다른 모습이 될 수도 있겠지만 외국 관광객의 눈에 '운치가 있고 그래서 뭐라도 사고 싶은 터'면 충분하다. 상점 앞의 특별한 인테리어 같은 노점. 바로 뒤 상점 주도 장사를 방해하지 않고 전깃불을 나누어 주는 오순도순 동행이 맘 편하고 좋다.

이동 노점상은 풍경이 될 수 있도록 특별히 디자인한다. 제작비는 정부가 담당한다. 정부의 재산이 되는 것이다. 현재의 노점상 주는 그가 원할 때까지 임대료 없이 운영할 수 있다. 살아 있는 동안은 흔들리지 않는 주인이다. 그러나 사망 등 계속해서 운영할 수 없을 때는 정부로 귀속되고 정부는 소정의 절차를 거쳐 임대한다.

처음에는 건물주와 의논했다. 그들은 개발 혜택에 만족하면서 흔쾌히 동의했다. 자신들이 할 수 있는 모든 지원을 아끼지 않는다고 했다. 노점상 주들의 의견을 들었다. 역시 '그렇게만 해 주면 정부 시책에 철저히 따르겠다'고 했다. 함께 모임을 가졌다. 화기애애했다. 마치 동업자 같았다.

역사를 품고 있는 근대 건축물, 높고 낮은 건물, 아기자기한 골목, 낮과 밤의 두 얼굴, 24시간 불이 꺼지지 않는 매혹적인 불야성 마을 명동이 아름다운 기지개를 켜기 시작했다. 그 명동이 남대문 재래시장과 북창동과 어우러지면 일대의 9천여 개의 상점이 일제히 일어서서 관광객을 맞이하는 진풍경을 이룰 터였다. 철거되어 훤해진 삼일고가도로 쪽과 청계천으로 길이 이어지면 환상적인 산책길이 된다. 세계 그 어디에서도 찾아볼 수 없는 근대, 현대, 미래적인 마을.

하지만 꿈이었다. 리더의 철학 부재, 융통성 없는 행정, 책임지지 않는 실무자들이 어울려 반쪽짜리를 만들었다. 결국 개인에게 혜택만 주고 만 꼴이었다. '중심상업지역'은 국토계획법과 서울시 조례에 쭉 있었다. 그러나 실제 지정은 처음이었다. 큰맘 먹고 시작했으나 경험이 없다 보니 중간부터 변질되었다. 처음 시작할 때 모든 문제점을 내놓고 완벽하게 준비했어야 하는데 대충대충 넘겼다.

전체 구도를 짜고 스케치를 하고 색칠을 하고 첨삭을 하고 데스크를 보고 마음까지 그려 넣어야 하나의 완전한 명품이 된다. 하나하나의 풍물이 지닌 중요성을 알아야 하는데

• 명동 지구단위계획에 대해 설명하는 필자.

숲만 뭉뚱그려 넣고는 전혀 손질하지 않았다. 그 숲도 그나마 온전치 않았다. 활엽수가 있고 침엽수가 있고 풀이 있고 큰 나무가 있고 작은 나무가 있어야 숲이 완성된다. 키 작은 나무들만 있거나 키 큰 나무들만 있으면 숲의 모양이 나지 않는다. 오스만은 거리 장식의 작은 디자인까지 꼼꼼히 챙겼다. 가스등, 가판대 심지어는 도로가 화장실 변기의 모양이나 건물과 건물, 건물과 도로와의 어울림을 고려했다. 강박관념에 가까운 세세한 디테일이 지금의 파리가 되었다.

기껏 용적률을 올려놓고는 그에 걸맞지 않은 높이 단서를 달았다. 하라고 해 놓고 하지 말라는 격이었다. 간선가로

162

구역과 상업가로구역의 규정을 달리 적용했다. 100평이 안 된다고 못 하게 한 것과 비슷했다. 상업가로구역에 속하면 옆, 뒤의 땅이 자기 것이라도 한 번에 묶어 대규모 개발을 할 수 없었다. 밀도와 높이 역시 상충되었다. 상업가로구역의 용적률이 800%여서 건폐율을 줄이면 13층 정도를 올릴 수 있다. 그러나 20m라는 높이 제한 탓에 5층이 고작이었다.

디테일이 너무 없었다. 정부가 예산을 들여 명동 마을 전체의 디자인을 먼저 해야 했지만 하지 않았다. 상가 주인들은 그래서 각자 알아서 했다. 허가권자들은 규정만 맞으면 조건 없이 허가했다. 이익의 사회 환원, 노점상에 대한 배려는 잊은 지 오래였다. 건물주들은 까다로운 전제 조건이 없자 사소한 손해를 달게 감수했다. 명동은 그렇게 짓다 말았다. 지금도 이미 찾지 않는 명동이 되었지만 변하지 못하는 앞으로의 명동은 더욱더 사람들의 발걸음에서 멀어질 게 뻔하다. 명동의 지구단위계획, 그것은 역세권을 조화롭고 효과적으로 개발해 수도권의 부동산 문제 나아가 대한민국의 부동산 문제를 해결할 수 있는 중요한 팁이 될 것이다.

주택난…
명동 지구단위계획에 답이 있다

문재인 정부 국토부가 20여 차례 부동산 정책을 내놓았으나 모두 실패했다. 그 원인을 알아야 해법을 찾을 수 있다. 주택난은 수도권 문제이다. 중앙정부의 똑같은 법을 적용한다면 지방자치가 필요하지 않다.

진정한 지방자치는 그 지역 특성에 맞게 상위법에 의한 조례를 제정하여 발전시켜 나가야 한다.

서울시는 "지하철 10개 노선 역세권을 도시 생활 공간으로 제대로 활용하지 못하고 있다"고 말하고 있다.

주택난 해결책은 명동 지구단위계획에 답이 있다. 역세권의 용적률과 건폐율을 혁신적으로 높이면서, 융주상복합

건축물과 건축 디자인을 통해 관광명소를 만들어야 한다. 또한 도시형 주택으로 반값 전월세와 원가 주택을 실현하여야 한다.

이로 인한 기대효과는 역세권 융주상복합건물을 통해 도심공동화 현상을 방지할 수 있다는 점이다. 미래 인구감소 시 용도 전환이 용이하고 도시형 주택 공급으로 금융위기를 해결할 수 있다. 또한 역세권 건축물의 디자인 혁신으로 관광 명소화가 실현된다. 그린벨트 보전과 교통·환경문제 해소로 사회적 비용을 절감해 서울시의 도시 경쟁력을 높이는 데 기여할 수 있다.

알토란 의정

2007년 12월 연말 정기회의. 2008년 업무추진비를 10% 삭감했다. 중구의회 의원들의 의정 활동비도 서울시 25개 자치구 가운데 끝에서 두 번째로 적게 책정했다. 서울 자치구 세인 재산세를 50% 공동 배분하는 법이 국회를 통과했기 때문이었다. 지역주민들을 위해 사용되는 세금수입이 줄어들었는데도 가만 있을 수 없었다. 의장, 부의장, 상임위원장을 포함한 의장단이 솔선수범하기로 했다.

의정 활동비를 줄인 것도 같은 맥락이었다. 중구는 구민의 1인당 재정 자립도가 서울 자치구 가운데 가장 높다. 그렇다고 많이 받을 순 없었다. 현실에 맞춰 조정했다. 2008년

의정비는 4천5백만 원. 강남구(4천2백36만 원)보다 조금 높다. 25개 구 중 24위였다.

의장 취임 후 의장 전용 차량을 바꾸었다. 승용차는 동석 인원도 적고 기름도 많이 들어 다인승 LPG 승합차로 교체했다. 현장에 많이 다니고 구민들을 많이 만나기 위해서였다. 민원현장으로 갈 때 여러 명의 의원과 동행할 수 있고 기름값도 절약했다. 의장 전용 차량이 아니라 구 의회 업무용 차량이었다.

신당 1동 소재 충무아트홀은 1천억 원의 예산이 투입된 중구민의 소중한 재산이다. 마땅히 구민들을 위해 쓰여야 함에도 주민들을 배려하지 않았다. 공연 이야기는 아니다. 비어있을 때 주민들에게 편의를 제공할 수 있는데도 그러지 않았다.

충무아트홀의 공연은 밤 10시면 대부분 끝나고 12시가 지나면 출입이 전혀 없고 다음 날 아침까지 비어 있다. 주민들이 빈 주차장을 야간에 사용할 수 있도록 해 달라고 했다. 좋은 민원이었다. 그런데도 구청 공무원들은 들은 척하지 않았다. 귀찮은 것은 알지만 야간 주차장 허용은 주민들을 배려하고 적으나마 운영 적자까지 보전할 수 있었다.

2006년 7월, 176대의 주차공간을 개방했다. 자정부터 5시로 했다가 바로 아침 7시까지로 연장했다. 새벽 5시에 누가 차를 빼러 오겠는가. 출근 시간이 되어야 차를 가져가는 것 아닌가. 처음 결정이 잘못된 것이었다.

충무로국제영화제는 얼핏 바람직한 문화행사로 보인다. 충무로가 영화의 거리이니 명분도 있다. 그러나 이미 부산에서 국제영화제를 열고 있어 이중 출혈이고 낭비였다. 중구청이 아니라 최소한 서울시, 아니면 정부가 알아서 할 축제였다. 집행부의 생색내기용이었고 구청장의 홍보용 이벤트였다. 2007년 53억 원의 예산을 들여 충무로국제영화제를 진행했다. 국제가 아니라 지역행사로 끝났다. 주민과 직원이 강제 동원된 실패한 행사였다.

그런데도 2008년 40억 원의 예산을 요청했다. 같은 실수를 해마다 계속할 수 없었다. 중구민들이 모여 간단히 즐기는 행사로 축소하라며 40억 원 예산 중 30억 원을 삭감했다.

충무아트홀은 성공작이었다. 공연요청이 쇄도했다. 문화적 자존심을 세울 수 있는 멋진 공간이었지만 적자여서 중구민 입장에서 보면 혹이었다.

아트홀이 2008년 100억 원의 예산을 신청했다. 지은 지 3년밖에 안 되었는데 무슨 문제가 있는 것인가. 76억 원이 불요불급했다. 객석 증설에 73억 원, 음악분수대 설치에 3억 원이었다. 음악분수대 설치는 나쁘지 않지만, 굳이 서두를 이유가 없었다. 객석 증설은 필요치 않았다. 현재 객석만으로도 모든 공연을 충분히 소화할 수 있었다. 객석이 부족한 경우가 있었지만 1년에 몇 차례뿐이었다. 그 몇 번을 위해 73억 원을 쏟아부을 순 없었다. 만일 민간이 투자했다면 절대 있을 수 없는 일이었다. 집행부가 신청한 1백억 원의 예산 중에 76억 원을 삭감했다.

2006년 7월 서울시 구의회 의장협의회 사무총장을 맡았다. 의회 사무직원 인사권을 의회가 가져야 한다는 생각으로 행정안전부에 인사권 독립을 요구했다. 의회 사무직 직원을 집행기관에서 하다 보면 여러 가지 부작용이 있었다. 행정안전부는 옳은 지적이라며 인사권 독립을 찬성했다.

서울 중구의회 의원으로 8년간 의정 활동을 하면서 대한민국 의정 대상, 최고 의원상, 자치법규 및 조례제정 분야 우수의정 사례 모범상을 받았다. 한편으로 부끄럽지만 다른 한편으론 공적인 봉사로서 감동을 주는 정치를 한 덕분이 아닌가 자평하고 있다.

그래, 그러면 안 하면 되지

명동 뚜레쥬르는 전국 1위였다. '가장 맛있고 가장 잘 팔리는 빵'으로 이름나 있었다. 핀란디아도 여전히 성업 중이었다. 자리 잡기가 힘들었지 일단 자리를 잡자 모든 게 일사천리였다. 매출이 신경 쓰이지 않는 것은 아니었으나 꾸준해서 별 걱정을 하지 않았다.

사업은 집에다 맡기고 중구의회 의장 일에 전념했다. 회의가 있거나 행사가 있는 날이면 뚜레쥬르 명동점은 그만큼 더 바빴다. 한 번에 300여 개의 빵 주문이 들어왔다. 중구청 공무원들이 굳이 명동점에 빵을 주문한 덕분이었다. 그들로선 당연했다. 기왕이면 다홍치마라고 맛있는 데다 의장이 운영하는 것이라 믿을 수 있었기 때문이었다.

하지만 세상일은 그게 다가 아니었다. 임용혁 의장이 빵 장사까지 한다는 소문이 돌았다. 회의 때마다 자기가 운영하는 명동점에서 빵을 대고 있다며 야릇한 눈으로 쳐다봤다. 전혀 사실이 아니었지만, 소문이 꼬리를 물었다. 단 한 번도 명동점에 뭘 시키라고 한 적이 없었다. 그 정도는 명동점 매출을 감안하면 극히 미미했다. 억울했으나 경쟁자의 입장에서 보면 그럴 수도 있겠다 싶었다.

직원들에게 앞으로 중구청 관련 단체 주문은 일절 받지 말라고 단단히 일렀다. 소문은 금세 잦아들었다. 그때 한 생각이 떠올랐다.

'접자. 구의회 일을 하다 보면 어떤 식으로든 비슷한 일이 생길 수 있다. 먹는 사업이어서 오해할 수도 있지 않겠는가. 더 이상 치사한 오해는 받지 말자.'

4곳의 사업체를 모두 그만두기로 했다. 지인들이 말렸다. 대부분 태평로 장학회를 함께하는 영업주들이었다. 수입의 일정 부분을 장학금으로 기부하고 있어서 그들에게도 조금의 피해는 가는 셈이었다.

'사실이 아닌 걸 다 안다. 비아냥거리는 사람은 언제든지 있다. 그들도 그렇지 않다는 걸 알면서 흠집을 내려고 말을 만든 거다. 중구청에 납품하지 않으면 되지 정리할 것까

171

지는 없지 않느냐. 양로원, 고아원에 주는 빵은 어떻게 할 것이며 장학회는 또 어떻게 꾸려갈 것인가. 다시 한번 생각해보라.'

틀린 말은 아니었다. 그래도 고집을 꺾지 않았다. 장학금 기부하기가 쉽지 않고 빵을 계속 대지 못한다는 게 아쉬웠지만, 소를 위해 대를 희생할 순 없었다. 일단 청산하고 그건은 나중에 생각하면 그만이었다. 마음이 있으면 길은 늘 있게 마련이다.

집에선 더욱 난리였다. 황금알을 낳는 거위를 단칼에 자르려는데 가만히 있을 사람은 사실 많지 않을 것이다. 집사람은 차라리 구의원을 그만두라고 했다.

미안했다. 핀란디아나 뚜레쥬르나 모두 집에서 키운 것이었다. 안에서 조리하고 관리하고 청소하면서 자신의 인생을 다 털어 넣었다. 내가 마음 놓고 구 의정을 보고 봉사활동할 수 있었던 것도 따지고 보면 집사람이 뒤에서 애쓴 덕분이었다.

집사람은 가끔 앓는 소리를 했다. 이해는 하고 자신도 봉사하는 걸 고맙게 생각하지만 남는 걸 다 퍼주면 생활은 어찌하느냐고 했다. 그럴 때마다 나는 '먹고살면 족하니 욕심 부리지 말자'고 다독였다. 집사람 역시 나누고 봉사하는 걸 좋아했다. 가끔 투덜대지만 같은 마음이 아니었다면 아무리

172

내 마음대로 한다고 해도 그렇게 할 수 없었다.

하지만 이번엔 좀 달랐다. 나야 의정 일을 본다는 명분이 있지만, 집사람은 남편의 '잘난 명분' 때문에 하루아침에 실업자가 되는 것이었다. 돈으로 치면 구의원의 세비는 그야말로 얼마 되지 않았다. 사업체 4곳이 아니라 한 곳에서 들어오는 돈에도 한참 못 미쳤다.

당연한 반발이었다. 수입도 수입이지만 직장을 잃는다는 사실이 그 사람을 너욱 못 견디게 했다. 이 일 저 일 일은 많지만 점주로서, 사장으로서 제법 번듯했으니 마른하늘에 날벼락이나 다름없었다. 백번 천번 옳은 이야기. 그렇다고 물러설 수는 없었다. 사업체를 다 정리하면 돈이 제법 들어오니 편안하게 살자고 다독거렸다. 고집을 익히 아는 터라 계속 반대하지는 않았다. 아쉽고 서운하지만 그러자고 했다.

평생의 은인, 그 사람

집사람은 언제나 내 편이었다. 반대 의견을 내지만 남편의 뜻이 확고하다 싶으면 바로 물러났다. 먹고살 만한 것도, 나눔 활동을 할 수 있었던 것도, 구의회 의원이 되고 마음 놓고 의정 활동을 할 수 있었던 것도 모두 그 사람이 그렇게 할 수 있도록 도와주었기에 가능했다.

　나를 만나 무진 고생했다. 결혼과 함께 시부모를 모셨다. 경주에 계신 부모님은 당시 상황이 좋지 않았다. 아버지는 몸이 불편했고 그런 아버지를 어머니가 보살폈다. 결혼을 하면 부모님을 모셔야 한다고 했더니 아버지를 일찍 여의어서 어른 모시는 게 좋다고 했다. 그 한마디에 앞뒤 가리지 않

174

고 결혼했지만 여러 가지로 나보다 훌륭한 사람이었다.

결혼 적령기가 되자 여기저기서 혼담이 들어왔다. 가진 것도 없고 모든 게 시원찮았지만, 점차 자리를 잡아가고 있던 시점이라 조건이 아주 형편없지는 않았다. 지인들은 나의 인간됨을 보고 주위의 아가씨들을 소개했다. 경주의 부모님을 모셔 와야 하는 처지여서 열심히 소개를 받았다. 그러나 혼사는 생각대로 진행되지 않았다. 어느 정도 이야기가 무르익다가도 부모님을 모셔야 한다고 하면 연락이 끊겼다.

부모님을 모시는 것이 나의 첫 번째 결혼 조건이었다. 그 조건이 맞지 않으면 나 역시 뒤 한번 돌아보지 않고 손을 흔들었다. 그러던 어느 날 2명의 아가씨가 등장했다. 꼭 나타나면 이렇게 동시에 나타나 사람을 우왕좌왕하게 만들었다. 한 명은 나를 무한 신뢰했던 늘봄다방 사장님의 '조카'였고 또 한 명은 다른 지인이 소개한 정말로 '참한 색싯감'이었다.

사장님의 조카는 꽤나 미인이었다. 그리고 부잣집 딸이었다. 주위에선 조카와 결혼하면 팔자를 고친다며 적극 권했다. 그 조카도 삼촌으로부터 내 이야기를 많이 들었던 터라 비교적 호의적이었다. 참한 색싯감은 말 그대로 참했다. 외모도 반듯하고 품행도 방정했다.

가진 건 별로 없는 듯했다. 조건만 보면 따질 게 없었다. 배고픈 아픔, 없는 서러움을 누구보다 잘 알기에 조카에게 마음이 쏠렸다. 조카는 시부모 모시는 것에 대해선 확실하게 반응하지 않았다. 몇 번 만나보니 성격이 강했다. 어릴 때부터 부족함이 없이 대접받고 자란 부잣집 딸의 티가 났다. 한 번 고집을 피우면 막무가내였다. 참한 색싯감은 나를 감동시켰다.

"어른들 모시는 게 너무 좋아요. 어릴 때 아버지를 떠나보내서 늘 한이 맺혔어요. 정성으로 모실 수 있어요."

그런 여자가 어디 있겠느냐고 생각했다. 결혼 전이니까 잘 보이려고 하는 말이려니 했다. 그러나 그녀가 나한테 특별히 잘 보일 필요는 없었다. 내가 가진 것이라고 해봤자 성실성, 악하지 않은 인간성 정도였다. 조금 나아졌지만, 가난에서 완전히 벗어나지도 못했다. 그런데 선뜻 모시겠다니 진심으로 느껴졌다.

조카의 조건은 최고 수준이고 색싯감의 세속적인 조건은 별로 내세울 게 없었다. 하지만 시부모 봉양 문제로 감동을 준 색싯감을 주저 없이 선택했다. 조카와 한다 해도 기껏 데릴사위고 기에 눌려 지낼지도 모르는 일이었다.

두 과정을 쭉 지켜보던 한 지인이 말했다.

"자네가 누굴 선택하는지 쭉 지켜보았네. '색싯감'과 결혼했으면 싶었네. 자네 성품이라면 '색싯감'이 맞지만 '조카'의 조건이 워낙 화려해서 자신이 없었어. 역시 자네는 내가

176

본 대로 제대로 된 젊은이야. 돈 그거 중요하지만 살다 보면 별것도 아니야. 돈 보고 결혼하면 언제나 낭패를 보게 마련이야. 잘했어, 정말 잘했어. 자넨 반드시 성공할 걸세.”

그 지인은 나의 선택을 정말 반겼다. 나도 내가 대견했다.

하지만 그 선택은 시련이기도 했다. 어느 날 늘봄다방 사장님이 불렀다. 결혼 후 얼마 지나지 않아서였다.

앞뒤 설명 없이 다짜고짜 그만두라고 했다. 어안이 벙벙했다. 왜 이러지. 나름 짚이는 데가 있었다. 한 가지는 확실했다. 자기 말은 안 듣고 다른 사람과 결혼을 했기 때문이었다. 다른 한 가지는 나중에 알았다. 내가 채용한 사람 중에 한 인물 하는 여직원이 있었다. 그가 어찌어찌해서 다방 주인과 친해졌고 무슨 이유인지 모르지만, 나에 대해 좋지 않은 말을 속삭였다.

이유야 어떻든 그만두어야 하는 상황이었다. 매달려 볼까도 생각했지만 괘씸한 생각이 일었다. 노예처럼 일해서 키운 다방이건만 헌신짝 버리듯 하는 행태가 마음에 들지 않았다. 이해가 되지도 않았다. 수개월 전 떠날 기회가 있었음에도 말리는 바람에 그냥 주저앉았는데 그게 참 바보 같은 짓이었다.

단골손님 중에 롯데 임원 몇 분이 있었다. 그들은 내가 내린 커피가 맛있고 처음 내린 커피는 더 맛있다며 일부러 아침 일찍 들러 맛을 음미했다. 그 사람 중 한 명이 내게 잠실 롯데 커피숍을 운영해 달라고 부탁했다. 여러 개의 커피숍이 동시에 들어서게 되니 팀장으로서 전체를 운영하면서 커피 맛을 전수해 달라고 했다. 대기업 정식 직원이었다. 월급도 많을 테고 남 보기도 번듯하니 거절할 이유가 없었다. 당장이라도 떠날 준비를 했다. 늘봄 사장도 잘됐다며 축하한다고 했다. 그러나 막상 떠나려고 하자 넌지시 말렸다.

"가야겠지. 대우도 좋고 모양도 좋으니….."

"예, 그동안 신세 많이 졌습니다. 은혜는 잊지 않겠습니다.”

“은혜는 무슨. 우리가 자네 덕을 많이 본 거지. 자네가 알아서 이것저것 다 해주는 바람에 우리는 편하게 영업하고 돈도 많이 벌었지. 자네가 가고 나면 큰일일세. 자네도 알다시피 믿고 맡길 사람이 없지 않은가.”

“맡길 사람이야 왜 없겠습니까. 다들 잘하는데요.”

“그래서 말인데 조금 더 있으면 안 되겠나. 너무 갑작스러워서 대책도 세우지 못했고 걱정이 태산일세.”

난감했다. 잡을 줄 미처 생각지 못했다. 막상 그 말을 듣고 나니 마음이 약해졌다. 정이란 게 그렇게 무서운 것이었다. 롯데 임원분에게 사정을 이야기했다. 대신 그곳에 가서 나름 설계를 도와주었다. 별것 아니었지만, 동선을 편하게 만들고 커피를 맛있게 내리는 비결 등을 전수해 주었다.

아직도 기억에 생생한데 어찌 그럴 수 있을까. 화나고 약 올랐지만 결국 내 잘못이었다. 짐을 쌌다. 정이 들었지만 가라고 하니 갈 수밖에 없었다. 정은 내가 들었지 그들은 정 따위는 아예 신경도 쓰지 않았다. 떠날 즈음에 주인아주머니가 말렸다. 일시적으로 뭔가 기분 나빠서 그런 모양이니 좀 참고 있으라고 했다. 속마음은 그러고 싶었지만 한 번 오기를 부린 마당에 다시 눌러앉을 수는 없었다. 나 없이 얼마나 잘되는지 두고 보자는 생각도 있었다.

179

갑작스러운 퇴출이어서 난감했다. 결혼해서 부모님까지 모셔왔는데 벌이가 없으면 어찌할 것인가. 옛 기억을 되살려 중앙일보 지국에 들어갔다. 모르지 않는 곳이었다. 나의 과거도 알고 명동에서 어떻게 일을 했고 얼마나 성실한지 아는 사람이었다. 낮에는 지국 일을 보고 새벽엔 신문을 돌리고 저녁엔 호프집 등지에 나가 아르바이트를 했다. 힘들었지만 어디 힘든 일을 한두 번 겪은 사람인가. 어릴 적 특기였던 구독 확장에 다시 덤벼들었다. 제법 괜찮았다. 6개월여가 지나자 자리가 잡혔다.

조금 더 지나 지국을 직접 운영해야겠다는 계획을 세우며 정신없이 바쁠 때였다. 늘봄다방 사장이 찾아왔다.

"임 군, 미안하이. 내가 잘못 알았어. 오해가 좀 있었는데 이제 사실을 알게 되었어. 다시 와서 일 좀 해 주게."

6개월 동안 소식 한번 없더니 이건 또 무슨 일인가.

"이쪽 일을 많이 벌여 놔서 다시 가긴 어려울 것 같은데요…."

내심 기뻤다. 다시 찾아온 걸 보면 '두고 보자'고 했던 내 저주가 통했는지도 모를 일이었다. 오죽하면 그래놓고 제 발로 찾아왔을까. 어깃장을 놓았다.

"지금 옮기면 여기 지국장님에게 미안해서 곤란합니다. 제가 어려울 때 도와주신 분이라 배신할 수가 없습니다."

"다방이 좀 어려워. 임 군 있을 때가 최고였어. 그동안 나도 많이 느꼈어. 다시 이런 일이 없을걸세."

저쪽에서 우리 이야기를 듣고 있던 지국장이 눈짓, 손짓을 했다. 가라는 뜻이었다. 제대로 된 일이 생길 때까지 잠시 얹혀 있으라며 도움을 아끼지 않았던 그였다. 지국장과 눈짓 대화를 하느라 잠시 말이 없자 사장이 다시 말을 이었다.

"이제 다방을 접을 생각일세. 옛날 같지가 않아. 1, 2층은 따로 계획이 있네. 자네가 지하 다방을 맡아서 직접 운영해 보게나. 기본급은 챙기고 나머지는 매출에서 얼마씩 떼가는 인센티브제로 하면 어떻겠나."

직접 운영한다고? 귀가 번쩍 뜨였다. 아무리 한물갔다고 해도 나름 자신 있었다. 그렇다면 마다할 수 없지. 못 이기는 척 한마디를 던졌다.

"또 그럴 일은 없겠죠."

"아무렴. 자네가 최고야. 매출도 그렇지만 믿을 만한 사람이 곁에 없으니 늘 불안해. 다시 함께 가세. 도와줄 테니."

반년 만에 돌아왔다. 짧지만 긴 시간이었다. 지하 다방을 경영했다. 말이 경영이지 주방이 주 무대였고 홀이 부 무대였다. 1층과 2층엔 아이스크림 판매점인 배스킨라빈스가 들어섰다. 주인아주머니가 중심이 되어 운영했다. 앞날이 보였다. 머지않아 그만둘 것이었다. 다방은 정말 전 같지 않았다. 그렇지만 문 닫을 정도는 아니었다. 맛과 청결 그리고 친절로 승부를 걸었다.

커피 맛은 자신 있었다. 스무 살 부산 시절에 배웠고 명동에서 완성한 노하우가 있지 않은가. 손님이 조금씩 늘기 시작했다. 달달한 커피도 맛 차이가 있지만, 아메리카노는 맛과 향이 천차만별이었다. 낭만 가객들은 늘 아메리카노를 찾았다. 블랙커피를 마시면 조금은 더 있어 보일 때였다. 맛인지 멋인지.

그래도 커피만으론 부족했다. 매출도 올리고 이익도 많은 계절 과일주스 개발에 나섰다. 특별한 비법은 없었다.

우선 과일 품질이 좋아야 했다. 갈아서 마시면 그만이라는 생각으로 싼 과일을 사용하면 손님들의 혀는 귀신같이 안다. 뜨내기라면 그만이지만 절대 단골이 되지 않는다. 두 번째는 바로 갈아서 바로 손님에게 내놓아야 한다. 한꺼번에 많이 갈아놓았다가 찾을 때마다 한 잔씩 따르면 안 된다. 10시에 마시는 첫 잔과 12시에 마시는 네 번째 잔은 비교할 수 없을 정도다.

하지만 그러려면 품이 많이 들어가야 한다. 인근 다방들은 대부분 일손을 아끼느라 한꺼번에 갈았다. 주방을 차고앉았다. 무조건 한 잔이었다. 그리고 제철 과일을 우선했다. 과일은 제철이 지나면 아무래도 맛이 떨어진다. 봄부터 가을까지 딸기, 복숭아, 토마토, 사과를 번갈아 팔았다. 찬 바람이 불기 시작하면 주스를 끝내고 모과차를 내놓았다. 가을이 조금씩 익어 가면 주스 찾는 사람은 급격하게 줄어든다.

다시 손님이 줄을 이었다. 손님들은 늘봄다방의 주스와 블랙커피를 마시기 위해 일부러 찾아들었다. 집사람이 짬을 내서 하루에 한 번씩은 다방에 들렀다. 가장 바쁜 시간이면 같이 주스를 만들기도 하고 카운터를 보고, 장을 보기도 했다. 결혼과 함께 경주에서 올라오신 부모님 모시기도 힘든 상황이었다. 몸이 세 개라면 좋겠다고 할 정도로 늘 일이 많았으나 불평불만 한 번 하지 않았다.

신혼살림은 남산동 반지하 월세방에서 시작했다. 신혼의 화려함은 당연히 없었다. 집사람은 두 분을 정말 친부모처럼 대했다. 아버지는 당시에도 몸이 성치 않았다. 얼마 후엔 대소변을 받아내야 할 정도였다. 그러나 집사람은 전혀 불평하지 않았다. 물론 어머니가 많이 도와주었지만 쉽지 않은 일이었다. 결혼 전 그 말이 결코 거짓말이 아니었다. 30여 년을 그렇게 어른들을 모셨다.

아버지가 돌아가시고 얼마 후 어머니에게 치매가 찾아왔다. 요양원 이야기가 나왔지만, 집사람이 반대했다.

양평으로 낙향했다. 어머니의 치매도 여러 이유 중의 하나였다. 어쩌다 그 생각을 하면 지금도 눈물이 난다.

고맙고, 미안하고 사랑스럽고, 여러 감정이 겹쳐서 일어난다.

집사람에겐 평생 갚아도 갚지 못할 빚을 지고 있다. 그래서 죽을 때까지 잘해야 한다. 하지만 사실은 그렇지 못하다. 매번 내 맘대로 한다. 다시 서울로 나올 때도 집에선 반대했다. 이제야 편안해졌고 지금 너무 좋은데 왜 그러느냐고 했다. 하지만 이번에도 결국 내 결정을 존중해 주었다.

"당신의 마음이 편하다면 그렇게 해요. 그것도 나눔이고 봉사죠. 어찌 보면 더 큰 봉사일 수도 있겠네요. 대신 정말로 잘해야 돼요."

뚜레쥬르 명동점과 한남동점, 그리고 핀란디아 명동점과 관철동점을 내놓았다. 인수자를 고민할 틈이 없었다. 워낙 장사가 잘되는 곳이어서 받으려는 사람들이 줄을 이었다.

5

언제나 사람의 마음이 먼저다

향군과 비례대표와 상임감사

느닷없었다.

재향군인회에서 나를 한나라당 비례대표 국회의원으로 추천했다고 했다. 향군 몫이고 구 의원을 8년이나 했으니 충분히 자격 있다고 했다. 나서고 말 것도 없었다. 그러자고 해서 그저 그러려니 했다. 발표 하루 전쯤 21번을 받을 것 같다고 했다. 당선 가능성 100%였다. 설마 했지만, 은근히 기분 좋았다. 발표 전이라 자랑하고 다니지는 못했으나 마음 한구석에선 그럴 경우를 대비하고 있었다.

하지만 아니었다. 뚜껑을 열자 나라고 했던 21번 자리에 다른 사람이 들어가 있었다. 누가 잘못짚었는지 김칫국부터 마신 꼴이었다. 괜히 헛물만 켰으나 잃은 게 없으니 특별히 누구를 나무랄 일도 없었다. 비례대표 건은 그 후에도 한 번 있었다. 이야기가 다 됐으니 서류를 내라고 했다. 마음이 동하지 않았다. 정말인지 아닌지 알 수 없었다. 서류 접수 자체를 하지 않았다. 그때는 이미 정치인의 길을 접은 뒤였다.

그래도 그게 아주 헛일은 아니었다. 누가 어떻게 추천했는지 정확하게 알 수는 없었지만, 관광공사 상임감사 물망에 올랐다. 추천했다는 사람이 여럿이었다. 모두에게 다 고맙다고 했다. 비례대표 건이 잘 안돼서 대신 밀어 넣은 듯했다. 사장은 아직 임기가 남아 있으니 우선 상임감사부터 시작하라고 했다. 어느 정도 일을 배우고 나면 다음에 사장을 하라는 이야기까지 해주었다.

주위에선 그렇게들 말했지만, 그 길까지도 마냥 순탄하지만은 않았다. 자리를 노리고 있던 사람이 꽤 있었던 모양이었다. 그들은 일단 방어선을 치고 저지하고 나섰다. 그런데 세상에 공짜가 어디 있는가. 그들이 보면 난 아무것도 아니었다. 특별히 줄이 있는 것도 아니고 선거 캠프에서 뛴 인물도 아니니 그럴 수 있었다.

하지만 나도 나름대로 한몫을 했다. 아는 사람은 알고 있었다. 떠벌리고 다니지 않았고 누가 물어도 구태여 말을 하지 않았을 뿐이었다. 느닷없는 불청객이 영 못마땅한 사람이 있었다. 관광공사 관리 부서의 장관이었다. 그가 보자고 했다. 군말 없이 찾아갔다. 자리에 채 앉기도 전에 입을 열었다.

"관광 일은 해 본 적이 없죠? 정부 일을 아무나 볼 수 있는 게 아닙니다."

"없다면 없지만 아주 없지는 않습니다. 중구는 서울에서도 특별히 중요한 관광지구고 구 의회 일을 보면서 이런저런 일을 했습니다. 다동, 무교동, 북창동을 관광특별지구에 포함시키고 무교동 음식 거리 입구에 대형 아치를 설치해서 매출 향상을 이끌기도 했죠. 지역 상인들이 이거야말로 진짜 관광 사업이라며 좋아했습니다."

"그 정도로는 안 됩니다. 다른 쪽을 알아봐 드리죠."

"비록 사이버 대학이지만 경희대에서 관광·레저를 4년간 전공했습니다. 의원으로서도, 개인으로서도 관심이 많아서 공부를 한 것이었습니다. 충분히 할 수 있다고 생각합니다."

"관광은 책으로 하는 게 아닙니다. 실제 경험이 무엇보다 중요합니다. 지방자치나 그런 쪽으로 일을 해 보는 게 어떻겠습니까."

관광공사 상임감사는 장관의 소관 분야가 확실하다. 하지만 그가 임명하는 자리는 아니다. 그도 나도 임명권자가

189

같다. 자리는 다르지만 중요하긴 마찬가지다. 장관이라고 해서 가타부타 이야기할 건 아니었다.

"아, 예. 다른 곳은 생각이 없습니다. 다른 계획이 있으면 제가 그만두어도 괜찮습니다만 관광공사 상임감사가 아니면 다 안 하겠습니다."

의외로 강경한 내 태도에 당황한 듯 그는 더 이상 토를 달지 않았다. 2011년 7월이었다.

상임감사는 '계륵(?)'

공공기관 상임감사는 참 묘한 자리다. 먹자니 먹을 게 없고 버리자니 아까운 계륵 같은 존재다. 없으면 좀 그렇지만 있으나 없으나 매한가지다. 책임은 그다지 많지 않으나 누릴 수 있는 힘은 충분하다. 1억여 원의 연봉에 차량과 기사가 나오고 잘하면 200~300%의 성과금까지 받는다. 요즘 말로 '꿀보직'이다.

있어도 그만, 없어도 그만인 채 술렁술렁 2년여를 보내도 되지만 사실 상임감사는 그렇게 허술해서는 안 된다. 철저한 감시와 내부 통제를 통해 예방 감사를 실시하고, 끊임없이 기관의 위험요인을 모니터링해서 언제든지 발생할 수

있는 위기에 대응할 수 있도록 해야 한다.

그래야 공공기관의 부정, 비리, 도덕적 해이, 방만 경영 등의 문제를 사전에 막을 수 있다. 공기업은 국민의 세금이 들어가는 공익성 강한 기관이다. 충실하게 공공서비스를 제공해야 할 막중한 책임이 있다. 상임감사는 최일선에서 눈을 부릅뜨고 지켜봐야 한다. 그게 사회와 나라를 위하고 나를 살리는 길이었다.

바른 경영을 위한 바른 감사가 되자. 마음을 다지고 또 다졌다. 바른 경영을 하도록 잔소리를 하고 바른 소리를 해서 사고를 미연에 방지하고 바른 감사를 통해 잘못을 시정하리라 마음먹었다. 오지랖이 넓다는 말이 있다. 자기 일이 아닌데도 이것저것 참견하며 감 놔라 배 놔라 하는 사람에게 하는 말로 다소 부정적인 의미를 담고 있다. 그래도 난 오지랖이 되기로 했다. 마침 관광공사 사장이 독일인 출신의 한국인 이참이었다. 누구보다 한국을 사랑하고 관광 행정에 적극적이었지만 아무래도 뼛속까지 한국인이 아니어서 거들어야 할 일이 좀 있었다.

하지만 그는 마음이 넓은 사람이었다. 잘못된 것에 대한 지적을 사심 없이 잘 받아들였다. 기본적으로 감사실의 기능을 긍정적으로 바라보았다. 상임감사를 하면서 노출되는 문제점을 빠짐없이 체크했다. 관행적으로 넘어가던 일들도 다 바로잡으려고 애썼다. 그러다 보니 아무래도 감사 사항이 많았고 그럴 때마다 언론이 관심을 가지고 보도했다.

좋지 않은 일들이 연이어 보도되자 공사 내 간부들은 노골적으로 적대감을 드러냈다. 자기들끼리 감사의 전횡이 지나치다고들 뒷말을 했다. 한 번은 간부회의 석상에서 여러 명이 감사실과 언론 보도를 문제 삼았다. 사장의 동조를 구하는 듯했다. 경영 회의가 느닷없이 감사실과 상임감사 성토장이 되었다. 그러나 사장은 동의하지 않았다. 합리적으로 판단하며 오히려 감사실에 힘을 실어줬다.

"일부 언론에 내부 감사 내용이 공개됐다. 예전보다 문제가 많아진 것처럼 다뤘다. 모두 불만이 있는 줄 안다. 하지만 감사 지적이 많다는 것은 의사가 열심히 병을 고치고 있는 것과 마찬가지다. 지적된 것들은 사실 예전부터 있던 문제들이다. 숨겨져 있던 것을 만천하에 드러낸 것일 뿐이다. 감사를 통해서 지적된 내용들이 결국 실질적으로 개선되고 있다. 의사가 많은 약을 주고 많은 병을 고친다는 것은 그만큼 건강해진다는 것이다. 우리 조직이 강화되고 있다는 이야기다. 감사님과 감사실에 감사드린다. 언론에서 그런 내용을 보시면 칭찬하는 거라고 생각하시면 되겠다."

보통의 경우 공공기관의 최고경영자(CEO)와 상임감사는 천적 관계 비슷하게 흘러간다. 하는 일 자체가 대척점에 있고 위, 아래의 관계가 아닌 터에 임명권자가 같기 때문에 늘상 힘겨루기를 한다. 경영 간섭으로 인한 갈등구조가 발생, 행정 낭비 요소가 많아지면서 직원들도 힘들어진다. 그러나 CEO의 열린 생각과 상임감사의 진정성이 만나면서 싸우는 사이가 아니라 협조하며 같이 가는 사이가 되었다.

처음에는 기득권을 가지고 있는 고위직 간부들이 나를 부담스러워했다. 관행이라는 이름으로 아무도 문제 삼지 않았던 일과 암묵적으로 누리던 특권을 차단하고 나섰기 때문이었다. 그들은 당연한 듯 주말에 관용차를 사적으로 쓰고 업무추진비를 집 근처에서 지출했다. 더 큰 문제는 이런 간부들의 일탈을 하위직 직원들이 처리하고 있다는 사실이었다. 미래를 꿈꾸며 부푼 가슴을 안고 조직에 들어온 젊은 직원들이 이런 일을 겪으면서 어떤 마음이 들었겠는가.

그들이 느낀 자괴감을 생각하면 그냥 넘어갈 수 없었다. 전수조사를 지시했다. 부적절한 지출은 한 명의 예외도 없이 환수 처리했다. 고위직 간부들의 변명이 구구절절이었다.

'그저 실수였다.'

'실제로 공용이었다.'

'아니, 옛날엔 늘 그래왔던 것인데…'

'감사실이 칼춤을 추는 곳이냐.'

'너는 얼마나 깨끗하냐.'

저주를 퍼붓는 직원도 있었지만, 과거는 과거고 원칙은 원칙이었다. 고위직은 누리는 자리가 아니라 뭐든지 솔선수범, 조직을 올바르게 이끌고 가야 하는 자리다. 특권은 없고 일탈에 대한 처벌은 당연했다. 그들의 저항은 길지 않았다.

상시 화약고 콤프를 터뜨리다

업무파악을 하고 문제점을 살펴보던 중 그랜드코리아레저 (GKL)가 시선을 끌었다. 쉽게 말해 공사 산하의 카지노였다. 수익성 못지않게 공공성과 투명성이 중요한 곳이었으나 돈이 도는 곳이니 돈에 얽힌 문제가 당연히 많을 터였다.

GKL의 사장은 대부분 정치권에서 들어갔다. 카지노 근처에도 가지 않았던 고위 공무원 출신도 있었고 정권 실세의 지원을 받은 인사들도 있었다. 업무파악이 쉽지 않았다. 뒤에서 은밀하게 진행되는 것이어서 더욱더 그랬다. 또 알만하면 사람이 바뀌어 그냥 그냥 흘러왔다.

예상대로 문제가 꽤 있었다. 현금 거래가 주종이어서

발견하기가 쉽지 않았고 비리 역시 그만큼 많았다. 그동안 비리로 숱한 사람들이 징계를 당하고 옷을 벗었다. 2010년에도 콤프로 지급해야 할 무기명 선불카드 절취 건이 2건이나 적발되었고 고객 콤프 횡령 사건이 두 차례나 있었다. 제도 개선을 준비하는 중에도 사고가 발생했다. GKL 자체 감사에서 금전 사고를 발견, 공사 감사실에 조사를 의뢰했다. 확인해보니 한두 명이 아니었다. 횡령 전액을 회수했고 관련자 2명을 면직시켰다.

콤프는 영어 컴플리멘트리의 약어로 고객에게 주는 '갬블링 손실액에 대한 보상 제도'다. 우리말의 개평과 같은 의미다. 개평은 조선 시대부터 쓰였던 말로 투전판에서 돈을 딴 사람이 잃은 사람에게 주는 적은 돈이었다. 당시 통용되던 상평통보의 평과 낱개의 개를 합친 합성어로 평은 즉 돈이었다. 낱돈 또는 푼돈의 뜻이었다.

투전판에선 개평이 딴 사람 마음이었지만 카지노에서의 콤프는 정해져 있었다. 잃은 돈의 몇 퍼센트를 준다는 식이었다. 하지만 정작 외국인 카지노 이용객들은 콤프가 얼마나 되는지 알지 못했고 그것이 있는지 없는지조차 몰랐다. 담당 직원들이 빼먹어도 그만이었다. 몰래 빼돌리는 콤프가 비일비재였다.

'사라진 콤프'는 현장 직원이 챙겨서 윗선에까지 올렸다.

다 그렇지는 않았으나 얼핏 보면 전체가 한통속으로 보일 수도 있었다.

콤프를 전면 공개, 투명성을 높이고 사고 위험이 높았던 무기명 선불카드 지급과 유흥업소 사용을 줄이는 방향으로 제도를 개선해 나가기로 했다. 하지만 추적이 쉽지 않았다. 콤프는 고객들의 몫이고 그들이 어디에 사용하든 그건 카지노 측이 관여할 바가 아니었다. 그러나 마케팅을 위해 마련된 콤프가 그렇게 새 나가면 궁극에는 고객이 줄어들 수밖에 없다. 황금알을 낳는 거위, 콤프. 수억 원이 하룻밤 사이에도 왔다 갔다 했다. 1년 평균 1천억 원대였다. 최고 3천억 원이 지급된 해도 있었다.

어디서부터 시작해야 할까. 맹자가 일찍이 한 말이 있다. 도를 얻은 사람은 도와주는 사람이 많다는 득도다조(得道多助). 도와주는 사람이 없으면 이룰 수 있는 게 없다. 도움을 받으려면 사람의 마음을 얻어야 한다. 인심을 얻으면 하고 싶은 모든 일을 다 할 수 있다. 리더가 도를 얻었다면 민심을 얻은 것이고 기업인인 도를 얻었다면 고객의 마음을 사로잡은 것이다. 다조의 정치인, 다조의 기업인은 그래서 원하는 많은 일을 할 수 있다.

후세에 일본의 사카모토 료마도 같은 의미의 말을 했다. 료마는 일본인들이 가장 좋아하는 인물. 31세에 암살당해 짧은 삶을 살았으나 오다 노부나가 등과 쌍벽을 이룬다. 메이지유신을 성공시킨 결정적 인물이라는 평을 받고 있다. 시바 료타로의 베스트셀러 '료마가 간다'가 그의 일대기를 다룬 소설이며 이 작품을 토대로 드라마까지 제작되었다. 그의 인기 배경이기도 하지만 조직 내 이견을 조율하면서 원하는 세상을 만들어 낸 정국의 실질적인 설계자였다는 점이 후세 사람들의 마음을 파고들었다.

"개혁은 사람의 마음이다. 개혁의 의지가 있고 실천할 힘이 있고 상황이 맞아도 사람의 마음을 얻지 못하면 결코 성공할 수 없다. 개혁에 성공하고 싶으면 많은 사람이 그것을 느끼게 하고 그들이 모아준 마음을 받을 수 있어야 한다. 리더는 단지 그 마음을 이끌 뿐이다."

비밀스럽고 은밀하게 주고받는 콤프를 개선하고 싶어도 실태를 알지 못하면 할 수 없었다. 실태를 알기 위해선 현장의 소리를 들어야 했다. 그들에게 다가갔다. 콤프가 왜 투명해야 하는지 설명했다. 그건 그들이 더 잘 알고 있는 사실이었다. 깨끗한 콤프, 정직한 경영으로 GKL의 기업 가치를 올리면 직원들이 가장 먼저 그 혜택을 받는다는 점을 강조했다.

제보자는 익명으로 처리하겠다고 했다. 원래 감사 업무는 익명의 제보에서 시작하지 못한다. 하지만 신뢰성을 고려하고 제보를 따라 조사해서 사실관계를 밝히면 문제가 없었다. 신분을 무슨 일이 있어도 보장하고 제보가 있으면 그것을 토대로 조사해서 결론을 내겠다고 했다. 존경까지는 아니라도 이상한 눈초리로 쳐다보는 그런 조직의 일원은 되지 말자고도 했다.

GKL에 근무하는 많은 직원이 그것을 좋아하지 않았다. 돈이 들어오면 다 좋아할 것 같지만 '검은돈'이어서 내켜 하지 않았다. 더러는 무리에 휩싸여서, 더러는 윗선의 눈치 때문에 할 수 없이 '비리'를 저질렀다. 직원들과 개인적으로, 단체로 계속 이야기를 나누었다. 나의 진정성이 조금씩 전달되는 느낌이었다. 몇몇은 공사 본점에 있는 동기들에게 신임 감사가 어떤 사람인지 물어보고 그 내용을 전하기도 했다.

공사 직원들의 평은 좋았다. 당연히 그럴 것이 그들은 3년 후 나를 관광공사 사장으로 추천했던 사람들이었다. 내부고발이 속속 들어왔다. 안에서 주는 정확한 내용이어서 조사하고 말 것도 없었다. 감사를 실시하면 대부분 사실을 털어놓았다. 고위 간부 2명을 면직 처리했다. 빼돌린 돈을 모두 환수했다. 정도가 약한 몇몇은 경고 조치했다. 콤프는 정상적으로 돌아갔다.

감사 보고서를 작성, 감사원에 올렸다. 감사원의 모 국장이 물었다.

"임 감사는 수사 전공했습니까?"

"아니죠. 근처에도 못 가봤습니다."

"그런데 어떻게 잡아냈죠. 우리도 비슷하게 알고 있었지만, 워낙 흔적이 남지 않고 뒤에서 은밀하게 이루어지는 일이라고 엄두를 못 냈는데….."

"아. 예. 모두 직원들이 도와준 덕분입니다. 그래서 용기도 냈고 정리할 수도 있었습니다."

솔선수범하고, 조직원들의 마음을 움직였기 때문에 감사에게까지 이런 제보를 했던 것이다. 사내 게시판에 '감사님 존경합니다'라는 글들이 올라왔을 때 보람을 느꼈다.

콤프 칩을 제외한 모든 콤프의 집행 방법을 법인 신용카드로 통일했다. 그리고 드러나는 문제점을 계속 진단, 2013년 1월부터는 잔액 관리, 결산 관리, 자금 관리 등 모든 재무회계 업무를 완전히 전산화했다. 연간 1천여억 원에 이르는 콤프 금액이 투명하게 공개되었다. 직원들의 자세도 달라졌다. 고객 콤프 공개를 전후해 1년을 비교해보니 하늘과 땅이었다.

무기명 선불카드 지급액이 99.9% 감소했다. 유흥업소 사용액이 57.6% 줄었다. 그 결과 GKL의 기업가치가 전년 대비 57%(6천4백64억 원) 상승했고 순이익률이 17% 포인트 올랐다. 직원들의 급여도 그만큼 올라갔다. 성과급이 포함된 덕분이었다. 숫자로도 획기적이었지만 오명을 벗은 직원의 사기도 쑥 올랐다.

그런데 호사다마라고 한 가지 문제점이 불거졌다. 워낙 투명하다 보니 콤프 사용 내용이 낱낱이 드러났다. 유흥주점 사용액이 주류를 이루자 외부에서 걸고넘어졌다. 자회사라고 하지만 GKL도 공기업이니 당연했다.

하자만 그건 공기업 GKL이 아니라 고객이 쓴 것이었다. 콤프는 100% 고객의 몫이다. 어디에 쓰든 뭘 하든 그들 마음대로다. 다시 카지노를 한다고 해도 말릴 수 없다. 돈이 돌고 돌아 다시 카지노로 오지만, 모르는 사람 입장에선 이해하기 힘들었다.

2012년 국정감사에서 비난이 쏟아졌다. 유흥업소 사용 과정에서 불법과 탈법이 자행되고 있는 것 아니냐며 유흥업소 사용을 금지하라는 주장까지 나왔다. 하나를 알고 둘은 모르는 이야기고 빈대 잡자고 초간 삼간 태우는 격이었다.

"카지노라는 걸 이해해 주십시오. 콤프는 고객에게 주는 게임 손실금액 보상금입니다. 고객 마일리지 성격으로 소유권과 사용 권한이 고객에게 있습니다. 카지노 영업 특성상 어쩔 수 없습니다. 유흥업소에서 법인카드를 사용하지 못하게 하면 마케터들에 대한 내부 통제가 불투명해질 수 있고 결국 비리투성이였던 예전으로 돌아가게 됩니다. 지나치게 통제하면 아무도 카지노 하러 오지 않을 수도 있고요."

　법인카드 사용을 통한 투명성 덕분에 나아진 실적 등을 예를 들며 설명하자 막무가내 반대를 하지는 않았다. 더 강력한 통제와 추가적인 제도 마련을 하는 것으로 이 사건은 찻잔 속의 태풍으로 무사히 넘어갔다.

글로벌 건달

감사차 카지노를 들락거리다가 진짜 중요한 문제를 발견했
다. 임대사업자들이었다. GKL이 운영하는 서울의 카지노 장
은 2곳이었다. 강남 쪽 한 군데와 강북 쪽 힐튼호텔이었다.
대부분 직접 운영하지만 자리는 남고 인력은 모자라 일부를
임대해 주고 있었다. 여러 명의 업주가 여러 개의 테이블을
맡아 독자적으로 운영하고 있었다. GKL의 룰에 따라 갬블링
을 하지만 개인 사업자이다 보니 '돈 되는 일'이면 불법이든
뭐든 신경 쓰지 않았다.

갬블링은 속성상 배팅이 크면 고객이 몰려든다. 한 방에
팔자를 고칠 수도 있으니 그럴만했다. 하지만 일확천금은 없

다. 임대업자들은 기본 룰까지 어기며 바가지를 씌우고 있었지만, 돈이 눈이 먼 갬블러들은 불나방처럼 덤벼들어 온몸을 불태우고 있었다.

워낙 오랫동안 그렇게 해 와서 이젠 말리는 사람도 없었다. 그리고 그들 모두 든든한 빽이 있었다. 수십, 수백억 원의 돈이 돌아가는 데 비리, 협잡, 청탁이 없을 리 없었다. 그들에겐 콤프라는 개념도 없었다. 멋대로였다.

정리하기로 했다. 공사가 발칵 뒤집혔다. 나를 잘 알게 된 감사실 직원들까지 걱정하며 말렸다.

"안됩니다. 모두 보통 사람들 아닙니다. 정치적인 배경이 대단한 사람들입니다. 처음 허가받을 때부터 다 그렇고 그렇게 시작했거든요."

"마피아 같은 인물들이에요. 권력을 등에 업고 날뛰는 조폭들입니다. 잘못 건드렸다간 호되게 당할 수 있습니다. 그냥 못 본 채 하는 게 상책입니다. 주의 정도로 끝내시죠."

구더기 무서워서 장 못 담글까. 업자들을 불렀다. 계약기간이 끝나면 모두 그만두라고 했다. 관광공사의 정식 방침임을 알렸다. 그래도 최소한 정리할 시간을 주는 게 맞다고 생각했기에 나름 시간을 준 것이었다. 처음부터 반응이 살벌했다. 코웃음을 치는 이도 있었고 그러든가 말든가 신경 쓰지 않는다는 이도 있었다. 상임감사가 뭔데 그러느냐고 눈을 부라리기도 했다.

어느 정도 예상한 반응이었다. 건달들과의 인연이 적지 않은 터여서 수순을 꿰고 있었다. 그러나 이들은 글로벌 조폭이었다. 다방을 근거로 먹고살던 명동의 구두닦이, 빈터에 포장마차를 들이대는 생계형 건달, 다소의 이권을 챙기는 건달들과는 급이 달랐다. 그들은 정말 사람을 죽일 수도 있는 수준이었다. 망설이지 않은 것은 아니었다. 하지만 마음을 굳게 먹었다. 농약을 들이켤 때 이미 한 번 죽은 몸 아닌가. 목숨을 담보로 글로벌 조폭과의 전쟁을 결행했다.

처음은 회유였다. 중구의회 의원 시절부터 잘 아는 여자분이 모처럼 찾아와 저녁이나 한 번 하자고 했다. 호텔업을 하는 여장부로 괜찮은 사람이었다. 흔쾌히 그러자며 약속을 잡고 약속 장소로 나갔다. 그녀는 혼자가 아니었다. 생면부지의 한 사람이 같이 있었다.

직감적으로 알았다. 카지노 임대 사업 관계자였다. 고충을 이야기했다. 별말을 하지 않았다. 원칙만 이야기했다. 헤어질 때 여성 지인이 선물이라며 비싼 양주 한 박스를 주었다. 보나 마나 '쥐약'이었다. 일언지하에 거절했다. 그 지인은 그런 게 아니라고 했으나 원래 안 받는 사람이라고 했다. 실제로 구의원 시절부터 뭘 받은 적이 없었다. 민원이든 아니든, 뇌물이든 선물이든 무조건 안 받았다. 그랬기에 아무 탈

없이 여기까지 올 수 있었다.

더러는 읍소했다. 아무런 대책도 없는데 갑자기 제도를 바꾸면 어쩌라는 말이냐. 규모를 줄여가면서 천천히 해야지 단번에 재계약을 하지 않으면 우리는 다 죽는다. 우리도 국민인데 관광공사가 너무 갑질하는 것 아니냐. 그들은 서민들이 아니었다. 그동안 충분히 부를 축적한 부류였다. 황금알을 낳는 거위를 뺏기지 않으려는 기득권층일 뿐이었다. 그리고 개혁은 단숨에 해야지 천천히 하다 보면 바로 공수표가되고 만다. 쥐약이든 읍소든 다 무시했다. 원칙은 요지부동이었다.

다음은 공갈, 협박이었다. 순하게 나가면 안 되겠다고 판단한 듯했다. 번갈아 사무실까지 찾아왔다. 말은 점잖았지만, 속 내용은 아니었다. 협박이고 공갈이었다. 누구든 피하지 않았다. 만나자고 하면 다 만났고 일의 당위성을 설명했다. 들으려고 하지도 않았지만.

퇴근하려고 사무실을 나서면 몇몇이 기다리고 있었다. 몇 번 본 사람들 사이에 얼핏 봐도 '어깨'로 보이는 덩치들도 있었다. 멀리서 바라볼 때도 있었지만 말을 걸면서 따라오기도 했다. 예상은 했지만 정작 마주치게 되니 다시 겁이 났다. 괜한 일을 시작했나 싶기도 했다. 하지만 두려워하면 진다는 걸 알고 있었다. 겨우 시작했는데 그 정도의 협박에 무너질 수 없었다. 더욱 강하게 대처했다. 서둘러 서류작업에 들어갔다.

법적인 '빽'까지 동원됐다. 하지만 그래도 뜻대로 안 되자 기어코 마각을 드러냈다. 그들은 이를테면 글로벌 조폭이었다. 구두닦이와는 당연히 비교가 되지 않았다. 들리는 이야기의 수준이 장난이 아니었다. 살벌했다.

"알지도 못하는 게 뭘 안다고 나서나. 한순간에 매장하고 말겠어."

"해외에도 나가야 되잖아. 조심해야 할걸. 필리핀이든 태국이든 5백 달러면 간단하게 보낼 수 있거든. 자신 있으면 해 보든가."

"목숨까지 걸 일은 아닐 텐데…. 가족들도 생각해야지."

목숨을 걸어야 할 일이 아닌지도 몰랐다. 굳이 상임감사가 나서지 않아도 될 일이었다. 그렇지만 알면서 그대로 넘어갈 수는 없었다. 칼 맞는 건 나중 일이고 제도를 제대로 정착시켜 비리를 없애는 건 지금 해야 할 일이었다.

글로벌 조폭들의 위협은 쉽게 사그라지지 않았다. 오히려 갈수록 심해졌다. 제도 개선의 윤곽이 드러나고 그대로 시행될 것 같자 더욱 발악을 했다. 그들의 태도를 보며 확신을 가졌다. 정확하게 다는 몰라도 그들의 압박이 심한 건 결국 이전의 제도에 문제가 있고 바뀐 제도하에선 옴치고 뛸

수가 없어 눈먼 돈을 빼먹지 못하게 됨을 뜻하는 것이었다. 임대 사업자들을 모두 정리했다. 후환이 두렵지 않은 것은 아니었으나 어쨌든 깨끗하게 마무리되었다. 보기보다 '강단 있네'라는 소리가 들렸다. 사장부터 평직원까지 모두 좋아했다. 적어도 겉으론 다 그랬다.

이왕 나선 김에 관광공사를 다 들여다보기로 했다. 해외 지사 감사에 나섰다. 일본을 돌아 태국으로 갔다. 별생각 없이 나섰는데 막상 도착하고 보니 글로벌 조폭들이 벼르던 곳이었다. '5백 달러면 단칼에 보낼 수 있다'며 까불지 말라고 했던 말이 불현듯 생각났다. 겁이 덜컥 났다. 안전장치가 없는 곳이어서 조심하는 게 상책이었다. 지사에선 고급호텔 스위트 룸을 예약해 두었다. 식사 장소도 다운타운에 위치한 고급 식당이었다. 지사장과 마주 앉았다.

"머무는 기간이 길지 않습니다. 지사 사정을 제대로 알고 싶습니다. 직원들과도 많은 이야기를 나누고 싶고요. 불필요하게 시간을 낭비하지 않았으면 합니다."

"예. 알겠습니다. 그런데 다들 그렇게 해왔습니다."

"모르는 바 아닙니다. 지사장님의 배려라는 것도 압니다. 하지만 그러고 싶지 않습니다. 숙소를 밖에다 잡지 마시죠. 공관에서 자면 충분합니다. 먹는 것도 가능하면 간단하게 하고 싶습니다."

지사장은 왜 이러나 싶어 안절부절이었다.

"별일 아닙니다. 유난 떨고 싶지 않을 뿐입니다. 제 말대로 해주는 게 저를 위한 일입니다. 부탁합니다."

조폭들에게 군이 노출할 필요가 없었다. 그걸 군이 지사장에게 알릴 일도 아니었다. 내 속을 모르는 지사장은 의아하게 생각하면서도 그대로 했다. 아마 속으론 별난 사람이라고 생각했을 터였다. 지사 감사를 무탈하게 끝냈다. 꼼짝 않고 안에만 있어서 우려했던 일도 발생하지 않았다. 돌아오는 날 다시 지사장과 마주했다. 출장비를 모두 건네주었다. 관사에서 자고 관사 밥을 먹었으니 출장비가 대부분 다 남았다. 그들에게 주는 게 맞았다.

지사장은 처음 있는 일이라고 했다. 본사에서 사람이 오면 얼마 되지 않는 판공비가 다 날아가는 판인데 오히려 돈이 남았다며 웃었다. 상임감사에 대한 직원들의 평이 아주 좋았다. 모두 모르는 사실이지만 나로선 안전하게 일 마치고 직원들 좋아하는 걸 봤으니 그야말로 꿩 먹고 알 먹고였다. 서울에 돌아오니 해외 지사에서 있었던 일이 이미 소문나 있었다.

'상임감사가 해외 지사 행정감사를 하면서 격려 만찬을 본인 개인 카드로 지불했다고 하네. 업무추진비로 쓸 일이 아니라면서…'

'이전에 상임감사가 다녀가면 정산하기 힘든 지출 내역이 있어서 너무 싫었는데 이번엔 그런 게 일체 없네.'

해외지사는 내부통제의 사각지대였다. 지사장이 엇나가도 막을 방법이 많지 않았다. 아주 드물지만 몇몇 지사장들은 해외지사에 부임하는 순간 황제가 된 듯 착각을 하고 멋대로 행동했다. 쭉 그래왔기 때문에 모두들 문제 삼지 않았고 실수라는 말로 넘어가려고 했다. 그냥 넘어갈 수 없는 일이었다. 강한 처벌을 경영진에 요구했다. 몇 명의 해외지사장이 파면되었고 몇몇은 중징계를 받았다. 임원들의 입은 나왔으나 직원들의 사기는 올라갔다. 더 이상 지사장의 횡포를 보고만 있지 않았다. 직접 나서든지 감사실에 신고했다. 지 사장들도 호되게 당하는 것을 보며 행동을 조심했다. 공사가 깨끗해졌다.

공공기관 대첩.
인천공항과 한 판

"그건 명백한 위증입니다. 고소해야 합니다. 그렇지 않으면 우리 관광공사가 누명, 오명을 쓰게 됩니다."

"틀린 말은 아니지만 같은 공공기관끼리 고소하는 건 좀 그렇지 않습니까. 사실이 아니니 결국 다 알게 될 겁니다."

"그렇지 않습니다. 우리가 여기서 가만히 있으면 모두 다 저쪽 말이 맞는 줄 알 겁니다. 우리 직원들의 사기도 생각해야죠. 주위 사람들이 무능 집단이나 비리 집단에 근무하면서 세금이나 축내는 무리라고 여길 것입니다. 드러내놓고 말은 않겠지만 그런 눈초리를 받는 것이 얼마나 굴욕적인지 아십니까."

"그럼 사과를 받아보도록 하죠. 그래도 고소는 좀…."

"결코 사과할 사람들이 아닙니다. 법적으로 강하게 대처해야 비로소 움직일 거예요. 잘못을 인정하고 사과를 받기 위해 하는 겁니다."

"허허, 참…."

"곤란하면 제가 나설까요. 허락해 주시면 제가 일을 추진하겠습니다."

이참 사장은 내가 진행하겠다고 하자 '그럼 알아서 하라'며 고개를 끄떡였다.

고소하기 전에 직원들의 마음을 짚었다. 조직의 기둥인 직원들이 그럴 생각이 없다면 할 필요가 없었다. 경영진은 위의 눈치를 보느라 못하고 직원들은 귀찮거나 아니면 별생각이 없어서 안 한다면 그건 하나 마나였다.

'열심히 일하고도 왜 우리가 욕을 먹고 우리의 직장이 불명예를 뒤집어써야 하는가. 나는 기껏 2~3년짜리다. 자리에 연연하지 않는다. 잘못되면 감사를 그만두겠다. 그런 마음으로 공항공사에게 따지고 싸우려고 한다. 여러분은 20년~30년을 이곳에 바쳐야 한다. 뜻이 같다면 함께 움직였으면 좋겠다.'

불만은 있지만 높은 사람들이 가만 있어서 속마음을 드러내지 않았던 직원들이었다. 상임감사가 나서고 책임을 다

지겠다고 하자 노동조합을 중심으로 모두 들고 일어났다. 경영진의 무책임과 무능을 질타하기까지 했다.

국회 국토해양위원회 국감장.

정부의 공기업 선진화 정책에 따른 한국관광공사의 인천공항 면세점 민영화가 화두로 떠올랐다. 관광공사는 인천공항 내 2500㎡ 규모의 면세점을 운영하고 있었다. 매출은 전년 기준 약 1천9백억 원. 공항 면세점 전체 매출의 10% 정도였다. 나머지 90%의 매출은 롯데, 신라 면세점이 올렸다.

이재영 새누리당 의원이 질문했다.

"관광공사는 수십 년간의 면세점 노하우를 바탕으로 질 좋은 서비스를 제공했다. 최근 정부는 공공기관 선진화를 꾀한다면서 인천공항 면세점 사업권을 중소·중견기업에 주겠다는 뜻을 밝혔다. 면세점 운영 노하우가 없는 중소기업 관련 단체가 세계 수준의 서비스를 유지하면서 살아남을 수 있다고 보는가."

이채욱 인천공항공사 사장.

"관광공사 사업권이 만료되는 2월을 대비해 곧 입찰 공고를 내고 관광공사가 관리해왔던 면세점을 민간업체에 넘기겠다. 관광공사는 수익을 외래 관광객 유치 활동에 쓴다고 하는데 지난 5년 동안 관광공사는 적자 51억 원을 냈다. 공항공사도 1천1백40억 원을 더 할인해 줬기 때문에 우리 공항공사도 1천1백40억 원의 손해를 봤고 한국관광공사 자체에서도 51억 원의 적자를 봤는데 오히려 국민 세금을 축내는 것이지…. 그걸 외래 관광객 유치 활동에 썼다고는 생각하지 않는다."

"관광공사는 우수한 국산품을 우리나라를 찾는 한국인에게 선보이고 있다. 국산품의 경쟁력 향상이 그렇게 해서 이루어졌다. 그것이 정부가 할 일이고 진정한 의미의 공기업 선진화 방안이 아닌가."

"관광공사 이참 사장도 면세점 연장 운영을 포기한 것으로 안다."

말도 안 되는 소리였다. 적자라니 그건 그냥 거짓말이 아니라 위증이었다.

1주일 후 문화체육관광방송통신위원회. 이참 사장이 출석했다.

"그런 말을 한 적이 없다. 관광공사가 사업권을 유지해야 한다고 인천공항 측에 분명히 전달했다."

"그러면 이채욱 사장이 거짓말을 한 것인가."

거짓말이 맞았다. 그리고 사실관계도 틀렸다. 민영화 문제와는 다른 문제였다. 즉시 반박했다.

상임감사가 진행한 이례적인 기자회견이었다.

"관광공사는 인천공항 면세점 운영 기간 동안 42억 원

의 흑자를 냈다. 증빙서류가 다 있다. 2008년 62억 원 흑자,
2009년 66억 원 적자, 2010년 22억 원 흑자, 2011년 24억 원
흑자다. 총액 계산으로 보면 42억 원 흑자다. 법인세, 지방세
를 납부한 기록이 있다."

"인천공항 공사도 나름 근거를 가지고 말하지 않았겠
는가."

"'51억 원 적자'라는 숫자가 어떻게 나왔는지 모르겠다.
잘못된 보고를 받았거나 사실을 일부러 왜곡했을 수도 있다
는 생각이 든다. 민영화의 명분을 내세우기 위해 그랬을 수
도 있다. 제대로 알고 해야지. 왜 열심히 일한 관광공사를 욕
먹이는가. 어찌 되었건 우리 공사로서는 지극한 불명예다.
바로잡겠다."

"어떻게 바로잡을 생각인가."

"이 자리에서 밝힌 내용을 그들도 곧 알게 될 것이다. 정
식 공문을 통해 사실관계를 바로잡으라고 하겠다."

인천공항 측이 다시 설명했다.

'관광공사 면세점 2기 계약 시작 시점은 2008년 3월이
었다. 이를 기준으로 하면 51억 원 적자가 맞다. 관광공사는
1기 계약 기간인 2008년 1~2월을 포함해 영업실적을 계산
한 것이다.' 임대료 감면은 233개 전체 입주업체를 대상으로
한 것이었다. 그들이 임대료 감면 운운한 이유가 있었다.

세계 경제 침체로 공항 이용객이 급감, 1천1백40억 원의 임대료를 감면해 준 것은 맞다. 그것을 적자 경영이라며 국민 세금까지 거론한 것이다. 그런 식이라면 신라와 롯데면세점에 감면해준 임대료 1천49억 원도 국민의 세금 아니냐고 따졌다. 그러면서 말미에 인천공항공사 사장이 대기업 출신이라는 사실을 슬쩍 끼워 넣었다.

"공항 측은 명백히 위증을 했다. 인천공항은 신라, 롯데의 두 재벌그룹 면세점에 1천억 원의 임대료 감면 혜택을 주었다."

이채욱 사장은 삼성 출신이었다.

인천공항은 매우 화난 듯 결정적인 말 한마디를 던졌다.

"절대 위증이 아니다. 이참 사장과 임용혁 상임감사에게 '공식 사과'를 요구하는 공문을 보내겠다. 특히 대기업 특혜를 거론하며 허위 사실을 유포한 임 감사에 대해선 법적 대응을 하겠다."

법적 대응은 우리도 원하던 바였다. 직원들도 만반의 준비를 하고 있었다. 바로 행동에 들어갔다. 관광공사 사장 명의의 공문을 인천공항공사 사장에게 보냈다. 즉시 사과하고 사실을 밝히지 않으면 고소할 수도 있다고 했다. 공사 직원들과 노조가 더 신이 나서 앞장섰다.

이런 일은 처음이지만 비슷한 유형의 일이 발생해도 '좋은 게 좋은 것'이라며 소리소문없이 넘어간 적이 많았고 아예 높은 양반들은 신경도 쓰지 않았는데 상임감사가 먼저 분통을 터트렸기 때문이었다. 실제로 잘못을 인정하지 않는 그들을 보며 고소장을 발송했다.

전면전이었다. 일부에선 이 사태를 '공공기관 대첩'으로 명명하기도 했다. 설마 했던 그들도 고소장 앞에선 적이 놀란 듯했다. 그러나 법정 공방까지 가지는 않았다. 51억 원 적자가 사실이 아님을 모두가 알게 되었다. 이런저런 우여곡절 속에 우리는 우리가 원하던 결과를 얻었다. 국회는 '한국관광공사의 인천공항 면세점 지속 운영 결의안'을 채택했다.

우리가 기분 좋게 이겼지만 사실 이 건은 이기고 지고의 문제가 아니었다. 정부의 애초 계획대로 민간에게 넘어가면 적자 폭이 더 커지고 그러다 보면 국산품 우대 정책이 사라질 것이었다. 실제로 롯데면세점은 4년간 4백80억여 원의 적자를 냈고 2001년 입주했던 AK면세점은 3년간 2천억 원의 부채로 롯데에 합병되었다. 2012년 12월이었다.

철학부재 —
미완의 관광경찰

관광객 1천만 명 시대가 훌쩍 다가왔다. 공사 창립 첫해인 1962년 우리나라 관광객이 1만5천 명이었다. 외국인을 보면 '코쟁이'라고 놀리거나 괜히 주눅 들어 피해 다니던 시절이었다. 아주 오래전 이야기다. 지금은 젊은 사람들이 유럽 등지에서 온 관광객을 보면 먼저 다가가 말을 붙이는 시대다.

　관광 대국이었다. 하지만 우리의 관광 수용 상태는 미흡하기 그지없었다. 양적으론 성장했지만, 질적인 뒷받침이 없는 편이었다. 명동, 남대문, 동대문 등지에선 소위 바가지가 여전히 판을 치고 있었고 택시 기사들은 멋대로 요금을 올려 받아 사회 문제가 되었다. 소매치기도 적잖았고 관광객의 안전을 보장하는 제도가 없었다. 당장은 그냥 넘어가겠지만, 관광객 2천만 명 시대로 가자면 여러 가지 사전 조치가 필요했다.

관광경찰. 여러 조치 중의 하나라고 판단했다. 관광이라는 말이 붙었지만 결국은 경찰조직이어서 관광공사가 혼자서 진행할 수 없는 일이었다. 공사 안에선 충분히 공감대가 형성되었다. 반드시 필요한 조직이라고 입을 모았다.

다시 오지랖이 되었다. 한 눈에도 알아볼 수 있고 관광 안전을 책임지며 그 자체가 관광 상품이 될 수 있도록 관광경찰의 제복을 디자인하고 그들이 해야 할 일을 세세하게 기획했다.

관광경찰은 서울이 우선이지만 각 지역마다 지역의 특색을 살리는 식이었다. 서울 못지않게 많은 외래 관광객이 찾는 제주도의 관광경찰은 말을 타고 순찰을 돌아도 좋고, 서울 명동과 같은 관광객 밀집 지역은 파출소를 관광안내소와 병행해 운영한다는 식이었다. 경찰학회 이사를 겸직하면서 이 문제에 대해 연구했다.

'관광경찰제도'를 문화관광부 등에 제안했다. 의욕적으로 추진했지만 별 반응이 없었다. 대신 '관광공사 상임감사는 자기가 CEO인 줄 아는 모양이야. 왜 나서서 이것저것 하자고 나서는 거야'는 말이 들려왔다. 벽 같은 것이 느껴졌다.

꼭 필요한데 담당자가 고려하지 않고 있으니 어찌할 도리가 없었다. 답답했지만 관광공사 상임감사의 일이 아니니 포기하자고 마음먹었다. 그랬는데도 영 개운치가 않았다. 내 일이든 남의 일이든 할 건 해야 하는 것 아닌가.

궁리를 하다가 조선일보에 기고했다. 마침 인연이 닿은 사람이 있어서 이야기했더니 좋은 주제라며 원고를 보내 달라고 했다. '관광경찰 제도를 도입하자'라는 제목의 글이었다.

외래 관광객 1000만 명 시대의 명암일까?

최근 유명 관광지마다 관광객 상대 범죄가 급증하고 있다. 지난해엔 연간 100만 명이 방문한 제주 올레길에서 여성 관광객이 살해된 사건이 발생했다. 뒤늦게 치안 대책을 세우고 안전 캠페인을 벌이고 있지만, 이런 사건이 한 번 발생하고 나면 사람들이 느끼는 불안감으로 인해 관광지 브랜드가 훼손되고 만다.

'콜밴'이라 불리는 불법 택시 역시 바가지요금으로 해외 인터넷에까지 악명(惡名)을 떨치며 '관광 한국'의 이미지에 먹칠을 하고 있다. 명동에서 동대문까지 10만 원, 서울 중구에서 인천공항까지 26만 원을 요구하고, 영수증까지 태연히 끊어 준다고 한다. 물론 영수증은 가짜다. 전국 곳곳에 외래 관광객들이 찾고 있다. 이들은 모두 각종 범죄와 바가지요금, 불친절에 노출되어 있다. 치안이 불안하고 바가지요금이 판치는 나라를 누가 다시 찾고 싶을까.

지난 2001년 문화관광부가 월드컵을 앞두고 도입하려 했던 '관광경찰' 제도를 다시 검토해보면 어떨까.

당시 정부에선 월드컵이라는 대형 국제 행사를 앞두고 관광문화와 싱도덕 수준을 높이기 위해 사법경찰이나 행정공무원 중에서 관광경찰을 선발, 일정한 교육을 거쳐 임명한다는 세부계획까지 세웠었다. 하지만 여러 가지 조건이 맞지 않아 중단했다.

연간 외래 방한객 숫자가 500만 명 수준이던 당시와 1100만 명으로 두 배 이상 늘어난 지금은 상황이 다르다. 현재 한국관광공사의 제언으로 경찰학회가 관광경찰제도 시행방안을 연구하고 있다. 공사는 경찰청에서 추천한 경찰 인력에 대해 관광 안내 스킬 교육과 외국어 등 관광 관련 인력육성 부분을 전담하고, 최종 선발된 관광경찰은 관광 안내는 물론 호텔·음식점·여행사·택시 등의 바가지요금과 범법 행위에 대해 단속하는 것이다.

관광경찰을 관광 자원으로 활용하는 방안도 있다. 관광경찰은 일반 경찰과 조금 다른 멋진 제복을 입고 관광객들의 치안과 관광 안내까지 책임지게 하면 좋을 것 같다. 조선시대 야간에 나무 딱딱이 소리를 내며 도성 내외를 순찰하던 순라꾼의 모습을 재현하는 것도 좋겠고, 말이 많은 제주도에선 기마 관광경찰이 올레길을 다니며 방문객의 안전과 안내를 맡는 것도 괜찮아 보인다. 서울 명동처럼 관광객이 밀집한 곳은 파출소를 관광안내소로 바꿔 치안과 관광진흥을 동시에 수행하는 방법도 있을 것이다.

조선일보에 칼럼이 나간 후 청와대와 문광부 등에서 전화가 왔다. 문광부 담당자는 '신문에다 쓸 것까지 뭐 있느냐. 우리끼리 잘 이야기하면 되는데'라며 기분 나쁜 투로 말했다.

뭔 소리인가. 수차례 건의하고 설명했는데…. 그때는 귀담아듣지도 않더니 이제 와서 딴소리를 하고 있었다. 청와대에서도 연락이 왔다. 담당관이 자세한 설명을 듣고 싶다고 했다. 특별히 설명할 것도 없었다. 칼럼, 그대로였다. 대한민국을 상징할 수 있는 멋진 복장의 경찰이 관광 상품 역할을 하면서 명동, 이태원 등의 치안과 가이드를 맡는 것이었다. 시행만 된다면 골백번이라도 설명할 수 있었다.

언론의 위력을 다시 한번 실감했다. 꼼짝도 안 하던 사람들이 그 한 줄에 부산하게 움직이다니. 그러나 단지 칼럼 때문만은 아니었다. 들리는 말에 의하면 박근혜 대통령이 내

글을 보고 좋은 아이디어라며 검토해보라며 지시를 한 덕분이었다. 성사될 것 같지 않았던 관광경찰 설립 계획이 일사천리로 진행되었다. 한편으론 흐뭇했지만, 공무원들의 단견이 못마땅했다. 조금만 신경 썼더라면 대통령이 나서지 않아도 되었다. 손 놓고 있다가 대통령이 지시하니 나서는 건 또 뭔지.

가만 보면 지금도 그런 일이 많다. 대통령이 관심을 가시거나 한마디 하면 갑자기 모두 난리다. 대통령은 대통령이 할 일이 있고 고위 공무원이나 하위직 공무원은 그들 나름의 할 일이 따로 있다. 대통령은 높은 곳에서 전체를 조망해야 하는데 작은 일까지 건드리고 다니면 나랏일이 되겠는가.

어쨌든 대통령 말 한마디 덕분에 관광경찰 조직이 완성되었다. 경찰 52명, 의무 경찰 49명 등 총 101명으로 출발했다. 영어, 중국어, 일본어 능통자들로 관광공사의 협조 속에 관광 및 외국어 교육을 이수한 엘리트들이었다. 그들은 외국인 관광객이 많이 찾는 명동, 이태원, 동대문, 인사동 등에 집중적으로 배치될 계획이었다.

하는 일은 이미 이야기했듯 △관광지 범죄예방과 기초질서 유지 △외국인 관광객 대상 불법행위 단속·수사 △외국인 관광객 불편사항 처리 등이었다. 대폭적인 관광치안 서비스로 '편리하고 안전한 관광 한국'을 만드는 것이었다. 언

관광경찰 발대식에서 파이팅을 하는 필자(앞줄 왼쪽 두 번째).

론은 관광경찰의 출범을 자세하게 보도하며 경찰청, 문화관광부, 한국관광공사, 서울시가 모처럼 부처 간 협업을 통해 도입했다는데 큰 의미가 있다고 분석했다.

대통령이 지시했으니 당연했다. 정책 실명제를 했다면 그 맨 앞에 내 이름이 들어갔겠지만, 힘 있는 부처들이 많아 한국관광공사는 웃각시처럼 한낱 모양내기에 불과했다. 이름 내자고 한 일이 아니어서 섭섭하진 않았지만 모두 자신들의 아이디어인 양 나서는 건 좀 서시기했다.

출범식은 광화문 광장에서 거행되었다. 이성한 경찰청장, 유정복 안전행정부 장관과 협력기관 주요 인사와 주한 외교사절 등 6백여 명이 참석했다. 경찰의장대와 공연단의 축하 공연이 식전, 식후에 펼쳐졌다.

멋진 출발이었다. 하지만 관광경찰의 복장은 생각대로가 아니었다. 어떤 디자이너가 재능 기부를 했다는데 스마트하긴 했지만 '관광스럽지'는 않았다. 기껏 멋 낸다고 한 것이 남녀 경찰 모두 선글라스를 착용한 것인데 선글라스가 관광에 무슨 도움이 되는지 두고두고 생각해도 이해되지 않았다. 그 선글라스는 '친절한 가이드'의 장애물이었다. 적어도 내 생각은 그랬다.

그렇게 관광스러운 복장을 설명했음에도 안건이 오르고 올라가면서 실종된 듯했다. 그저 지시받아서 하는 일이어서 창의성이 전혀 없었다. 자신이 없으면 한 번쯤 물어보면 될 터인데 아마도 자존심 때문에 별것 없는 사람에게 물어보기는 싫은 모양이었다.

정책에 대한 철학이 없는 탓이었다. '왜 관광경찰인가' 자문하고 연구하면 누구나 생각할 수 있음에도 그 많은 공무원 누구도 문제 삼지 않았다. 출범은 했지만, 반쪽 아니 4분의 1이었다. 그러다 보니 조금 세월이 지나자 있는지 없는지도 모르는 상태까지 가게 되었다.

인사가 만사 —
공기업 첫 여성 감사실장

감사실은 조직의 눈총을 받는 자리다. 늘 지적질이니 좋아할
리 없다. 그래서 기피하지만 나름 힘이 있어서 원하는 직원
도 꽤 있었다. 상임감사 업무를 1년여 하면서 감사실의 중요
성을 더욱 깨달았다. 깨끗하면서도 업무에 밝아야 하고 부드
러움을 겸비해야 한다.

　깨끗함은 기본이다. 감사를 하다 보면 필연적으로 잘
못한 사람들의 회유와 협박에 직면하게 된다. 내가 깨끗하
지 않으면 유혹에 넘어갈 수도 있지만, 역으로 당하는 경우
도 있다. 옛날 일을 들추며 함께 가자는 '물귀신형'이 의외로
많다.

업무의 전문성은 꼭 필요하다. '알아야 면장도 한다'고 모르면서 다른 사람을 탓할 수는 없다. 앞뒤 흐름을 꿰뚫고 있으면 어쩔 수 없는 실수와 조작된 실수를 정확하게 파악하게 되므로 융통성을 가지고 일을 처리할 수 있다. 의도적으로 일을 잘못 끌고 간 것과 열심히 하다가 일을 잘못 처리한 것을 똑같이 다루면 안 된다. 나타난 결과는 같아도 과정은 엄청나게 다를 수 있다. 감사자는 풍부한 업무 지식으로 그 경우도 구별해야 한다.

부드러움은 따뜻한 가슴이다. 잘못에 대해선 엄격하게 처리해야 한다. 그러나 피감사자를 처음부터 문제 인물로 보아선 안 된다. 진심이 변함없이 피감사자에게 전해지고 감사의 지적을 겸허하게 받아들인다. 그렇지 않으면 잘못을 하고서도 감사자가 고압적이라거나 일부러 트집을 잡는 것이라며 지적을 수용하려 하지 않는다. 감사를 하는 목적은 잘못을 고쳐 다음엔 제대로 하자는 것이다. 그런데 따르지 않으면 아무 소용없지 않겠는가. 세 가지를 다 갖추고 있는 사람이 실제로 몇 명이나 되겠느냐. 나부터도 그런 조건을 다 충족시키지 못한다. 다만 진심과 노력으로 다가가려고 늘 애를 쓰고 있다.

한국관광공사 감사실은 상임감사, 감사실장, 팀장과 팀원, 그리고 감사역 등 8명으로 구성되어 있다. 이들이 감사대상 인원 6백여 명에 대한 자체 감사를 실시하고 있었다.

세 가지 자격을 갖춘 1%의 감사실 직원 뽑기. 일단은 자원자를 추렸고 자원자 중에서 '감동 맨'을 선발했다. 훌륭한 직원이 많았다. 상임감사의 '오지랖 행동'에 박수를 보내며 함께 일하고 싶다는 직원도 있었다. 문제는 조직을 함께 이끌어 갈 감사실장이었다. 승진 코스여서 후보가 더러 있었지만, 찬찬히 살펴보기로 했다.

한 명이 눈에 들어왔다. 사람은 훌륭한데 모자라는 조건이 있었다. 1급이 아니었다. 보통 감사실장은 공사 내 고참 1급이 맡았다. 그런 인물이 있었고 그 역시 내심 바라고 있는 듯했다. 나쁘지 않았지만 내가 찾는 적임자는 아니었다. '모자라는 조건'은 아니지만 여성이었다. 지금껏 공기업에서 여성을 감사실장으로 발탁한 예가 없었다. 공기업 감사실장은 그러니까 '1급 고참 남성용'이었다.

업무성은 충분했다. 대학 졸업 후인 1987년 공사에 입사, 오직 한 우물을 팠다. 시장조사팀, 홍보물제작팀, 전시이벤트팀을 거쳐 업무 능력도 높았다. 선, 후배 동료들의 평도 좋았다. 성실하고 윤리적이었다. 반발은 있을 터였다. 2급 여직원을 감사실장에 앉히면 배제된 1급 남자들과 추월당한 2급 남자들이 가만있지 않을 것이었다. 그동안 그들이 내게 보내던 박수도 함께 사라질 가능성도 높았다.

그러나 생각해 보면 여성 감사실장이 맞았다. 관광공사는 업무 특성상 여직원이 많았다. 다른 공기업에 비해서도 높은 편이었다. 관광이라는 업무 자체가 섬세하고 유연한 때문이지만 어쨌든 여직원이 남자 직원보다 많았다. 그러면 당연히 고위직 여성이 있어야 하지만 오랜 습성 탓에 한 명도 없었다. 여성 감사실장이 더 유리할 것이라는 판단을 내렸다. 2급이지만 승진 자격이 안 되는 건 아니었다. 감사실장을 해도 됐다. 1급이 주로 한 것이었을 뿐, 2급도 자격은 있었다.

감사실장을 비롯해 감사실 직원의 인사는 상임감사에게 우선권이 있다. 인사권자는 물론 사장이다. 이참 사장에게 그간의 과정을 설명했다. 반대하지 않았다. 오히려 반겼다. 공기업 최초의 여성 감사실장 성경자 씨였다. 파격이었지만 생각보다 조직의 반발이 없었다. 더러 없지는 않겠지만 그들은 뒤로 숨었고 많은 사람이 파격을 환영했다. 그는 더없이 훌륭한 감사실장이었다. 덕분에 정부 평가에서 2년 연속 우수 평가를 받을 수 있었다.

벼룩 잡자고
초가삼간 태운다더니

그건 벼룩 잡자고 초가삼간 태우는 격이었다. 시내 식당에
대한 관광객들의 불만이 크면 행정력을 동원, 고쳐 나가거나
캠페인을 통해 의식작업을 해야지 식당 직영이라니 말도 안
되는 소리였다. 중국 관광객의 음식 불만은 따지고 보면 그
들 자신의 문제였다. 싸구려 관광이니 식사 역시 당연히 허
름할 수밖에 없다. 돈은 적게 내놓고 비싸고 좋은 밥을 바라
는 게 잘못이지, 돈에 맞게 음식을 내놓은 사람의 잘못은 아
니었다.

관광객이라면 무턱대고 잘해줘야 한다는 생각 역시 잘
못이었다. 한국 관광은 싸게, 일본 관광은 비싸게. 그것이 한

국을 찾는 중국 관광객의 기본자세였다. 여행사들이 그렇게 만든 측면이 크다.

그런데 중국 관광객들이 지속적으로 불만을 터트리자 누군가 식당의 관광공사 직영을 생각한 모양이었다. 그냥 생각으로 그치면 그만인데 이걸 좋은 생각이라고 설계하고 꾸며서 경영위원회에 올렸고 결국은 사장의 결재까지 받았다. 시내 중심에 있는 공사 사옥을 활용해서 관광객 전용 식당을 설치한다는 안이었다.

얼핏 좋은 계획처럼 보일 수 있다. 공간 설계를 잘하면 사옥에 자리를 만들 수 있었다. 그 터에 모범식당을 차려 훌륭한 음식을 제공하면 관광객의 불만을 없앨 수 있었다. 예산은 약 16억 원이었다.

하지만 하나를 알고 둘은 모르는 짧은 생각이었다. 고객만족의 식당을 경영하자면 좋은 음식을 싸게 내놓아야 한다. 그러나 원가 이하는 절대 안 되는 일이었다. 공사 식당은 처음부터 손해를 안고 들어가는 식이었다.

천 원을 내놓은 사람에게 천 원짜리 음식을 주면 절대 만족하지 못한다. 기대감이 커져서 최소 5천 원짜리는 주어야 한다. 국민 세금으로 중국 관광객에게 맛있는 밥을 접대하는 셈이다. 공사 직영의 모범식당이라 반드시 그렇게 흘러갈 공산이 크다. 16억 원의 예산으로 될 일이 아니다. 시작은

충분히 가능하지만 계속해서 불만 없는 모범식당을 이어가려면 추가 예산 투입은 불 보듯 뻔했다.

　　그보다 더 큰 문제는 중국 관광객을 상대하는 식당들의 상권은 어찌할 것인가다. 나라에서 운영하는 '적자 식당'에 손님을 뺏기고도 좋아할 식당주는 단 한 명도 없다. 그들이 문제로 삼으면 기껏 십수억 원의 돈을 들여 설치한 관광공사 레스토랑의 문을 바로 닫아야 할 수도 있었다. 사업 타당성 검토 없이 주먹구구식으로 추진되고 있었다.

　　감사 지시사항을 던졌다. 객관적인 사업 타당성을 검증하도록 했다. 사업 타당성 결과를 전체 간부직원들이 공유하도록 했다. 그리고 명분이 있는가? 용역 결과는 현실성이 있는가? 직영인지 위탁인지를 사전에 선택하는 것인가? 등에 대해 집중 토론을 하여 결론을 제시하도록 했다.

누가 봐도 결론은 확실했다. 전시행정으로 폼 한 번 잡는 것이 아니라면 100% 불가였다. 사업 타당성 검토와 간부 회의 결과는 '공사가 동 사업을 추진할 명분이 미약하다'였다. 사업 타당성 용역 또한 실지 상권 및 고객 분석이 충분하지 않았다. 사업성을 고려하지 않은 것이었다. 사업은 취소되었다. 16억의 낭비를 없앴고 일반 식당과의 사이에서 발생할 수 있는 갈등을 미리 막았다.

헛폼 잡는 것을 막은 경우는 또 있었다. 사장의 주요 관심사인듯했다. 2012년 공사 창립 50주년을 앞두고 CI(기업이미지통합) 교체 건이 경영 회의 주요 안건으로 올라왔다. CEO는 디자인의 심미적인 요소를 강조하며 '톡톡 튀는 CI를 새로 만들어 다양한 방식으로 변형시켜 활용하자'는 의견을 제시했다.

아주 틀린 말은 아니었다. 그러나 CI 교체 건은 그리 간단한 일이 아니었다. 홍보까지 겸한다며 국민공모를 추진하다가 결국 전문가 집단에게 의뢰할 것이고 새로운 CI가 나오면 대대적인 교체 작업을 할 것이었다. 엄청난 예산이 들어가고 수많은 사람이 동원되어 오랜 시간 작업을 해야 하는 난제 중의 난제였다.

더욱이 현재 사용하고 있는 CI는 2005년 새롭게 제작된 것이었다. 시대의 흐름과 관광 트렌드를 반영하여 1988년 만든 걸 바꾸었다. 불과 6년여만의 교체 작업으로 CEO의 취향에 따라 바꾸거나 CEO가 바뀔 때마다 교체한다면 안 되는 일이었다. 예산 낭비는 물론 조직의 정체성마저 흔들릴 수 있었다.

CI가 중요하지만, 그것이 관광객을 더 모으고 관광을 더 활성화하지는 않는다. 삼성이나 현대 등 대기업들은 수십 년 그대로 사용하고 있어도 세계적인 기업으로 성장했다. 담당 본부장 등 경영진의 공감대를 형성, 결국 CEO의 생각을 돌렸다.

조직은 큰 바위이고 CEO나 감사는 흘러가는 물이다. 물이 나서서 바위를 바꾸려면 안된다. 반드시 문제가 생긴다. 지금 아니면 나중에라도 부작용이 나타난다. 결코 그냥 넘어가지 않는다. 물은 흐르는 동안 물의 역할을 충실히 하면 된다.

깨알 감사

습관적으로 지나치는 행동들이 의외로 많다. 시대가 바뀌고 생활 수준이 달라지고 국민의 의식이 바뀌면 같이 바뀌어야 하지만 '관행'이라는 이름으로 또는 '좋은 게 좋다'는 생각 때문에 그냥 넘어가고들 한다. 사소하지만 결코 사소하지 않다. 눈에 보이는 대로 하나하나 지적하고 고쳐나갔다.

업무용 차량 개인 사용

업무용 차량은 말 그대로 업무용으로 사용해야 한다. 하지만 개인이 자가용처럼 끌고 다니는 경우가 더러 있다. 한 부서장의 집은 시내에서 꽤 멀리 있었다. 두어 시간은 족히 가야하는 곳이었다. 그는 주말이나 연휴가 되면 업무용 차량을 끌고 집으로 갔다. 임직원행동강령규정 제24조는 '임직원은 차량, 부동산 등 공사 소유의 재산을 정당한 사유 없이 사적인 용도로 사용, 수익해서는 아니 된다'고 규정하고 있다. 그런데도 그 부서장은 주말에 집에 가고 올 때 여러 차례 업무용 차량을 이용했고 법인카드로 기름을 넣기도 했다.

그럴 수 있고 그래서 가끔 한마디씩 하면서도 공공연한 묵인하에 그냥 지나쳤다. 작아도 규정은 반드시 지켜야 한다. 그래야 조직이 올바르게 돌아간다. 큰돈이 아니고 양해할 수도 있는 일이나 그렇게 그대로 넘어가면 다른 데서 일이 커진다. 바늘 도둑이 소도둑이 된다고 하면 좀 비약이지만 어쨌든 작은 횡령도 횡령이어서 근절하도록 지침을 내렸다.

눈속임 출장비

출장 중에 당일 출장이 있다. 1박을 하지 않는 출장으로 시간, 거리에 따라 출장비가 지급된다. 당일 출장 여비 규정 제

15조 1항은 '원거리를 당일 중에 출장할 때에는 교통 운임 실비와 일비, 식비를 지급할 수 있다. 단 식비 지급 여부는 당일 출장에 소요되는 시간을 감안하여 출장명령자가 결정한다'고 규정하고 있다. 최소한 4시간 이상 되어야 식비를 지급하라는 이야기다.

그런데 몇몇 부서에서는 회의 참석, 자문, MOU(양해각서) 체결 등 행사시간이 기껏 1~3시간의 짧은 당일 출장임에도 여비규정을 과도하게 적용, 식비 등을 따로 챙겼다. 또 한 부서는 출장 지역이 근무지역 안임에도 일비 및 식비를 청구했다. 서로 묵인하여 벌어지는 일로 출장자나 결재자가 다 규정에 맞지 않는다는 걸 알고 있었다. 그러면서도 너무 까다롭다는 말을 듣기 싫고 가외 소득이 되니까 적당히 넘어갔다.

얼마 되지도 않는 금액이었다. 자존심을 내팽개치는 일이 벌어지지 않도록 주의를 주고 엄격하게 규정을 적용하도록 했다.

무책임, 부적절 계약

대충대충 넘어가는 행정 처리가 제법 많았다. 어떤 부서에선 계약을 정식으로 체결하지도 않고 견적서만으로 예산을 집행했다. 행사 관련 업체 3개사를 주관적으로 선정하든가 유사 사업으로 분리 발주하여 그들에게 특혜를 주었다. 계약 체결을 하지 않은 것도 잘못이지만, 이럴 경우 모종의 비밀 거래가 가능하므로 불필요한 오해까지 사게 된다.

어떤 부서는 전년도 지적사항과 유사한 건을 시행하면서 예산을 쪼개서 실시했다. 예산을 쪼갠 이유는 일상 감사를 회피할 목적이었고 감사 대상 사업이 아니면 담당자가 멋대로 해도 그만이었다. 다 그런 건 아니지만 비리가 싹 틀 수 있다.

또 어떤 계약 체결 후 그 내용을 계약 대장에 등록하지 않았다. 관리가 어려워질 수밖에 없다. 그 부서는 감사 수감 시 요청한 자료에도 누락 부분이 있었다. 업무처리 부실로 생각지도 않은 문제가 발생할 수 있다. 실제로 비슷한 일이 생겨 지적했다.

부실한 자산 관리

자산을 구입한 경우 자산 대장 또는 부외 자산 대장에 등재해야 한다. 관리를 위해서인데 소홀히 하는 경우가 더러 있었다.

노후화 등으로 사용이 불가능한 자산은 불용 처분을 해야 한다. 그런데 처분하지 않고 보관하고 있었고 어떤 경우는 반대로 불용 처분 절차 없이 자산을 처분했다.

또 부외 자산 대장에는 등록되어 있었으나 실물이 없는 경우도 있었다. 그저 서류를 보면서 형식적으로 인수인계를 했기 때문이었다. 대충 일하고 대충 감사를 한 탓이었다.

결과 보고 없는 해외출장

A본부는 해외 출장이 많은 곳이다. 최근 1년간 해외 출장이 267건이었다. 그런데 그중 46건에 대한 결과 보고가 없었다.

해외 출장에 대한 결과를 보고하는 이유는 두 가지다. 하나는 문서화를 통해 경험을 공유하려는 것이고 다른 하나는 출장비, 출장 목적 등이 정확하게 이루어졌는가를 보는 것이었다. 결과 보고서가 없다는 건 최악의 경우 쓸데없이 출장을 갔다는 이야기도 된다. 물론 단순한 실수로 빼먹을 수도 있지만 어쨌든 옳은 행동은 아니다.

공사의 여비 규정은 '임직원이 국내외 출장(해외파견교육 포함)을 마쳤을 때는 지체 없이 결과를 서면으로 보고하라'고

되어 있다. 이 같은 규정을 둔 것은 출장의 타당성, 출장비의 정확한 사용, 사업의 연속성을 위해서였다.

그동안 행정상의 실수로 보고 엄하게 지적하지 않았다. 바로잡을 필요가 있었다. 아무리 작은 것이라도 반드시 출장 복명을 하도록 했고 그동안 안 한 것에 대해 별도의 감사를 했다. 이후 출장 건수 자체가 줄었다. 불필요하게 출장을 가기도 했다는 거였다. 출장 복명의 100%화가 이루어졌다. 정확한 이유는 알 수 없지만, 출장비 사용도 줄었다.

물품 계약

돈이 오가는 곳은 조금만 주의를 게을리하면 문제가 발생한다. 사람이고 생활인이기 때문이다. 돈 사고를 방지하기 위해선 지나칠 정도로 깐깐하게 수시로 들여다봐야 한다. 그렇게 해도 사고는 생긴다.

이런 경우도 있었다. 특정 업체로부터 물품을 사들이기 위해 한 조작이었다. 우선 입찰 참가 자격을 제한했다. 물품 납품 실적 증명서와 실적 관련 계약서를 제출토록 했으나 조건이 까다로웠다. 서류를 낸 업체가 1곳뿐이었다. 유찰이 당연했다. 재공고하고 다시 입찰을 진행해야 했으나 느닷없이 서류조차 제출하지 않은 업체와 계약했다.

또 예정 가격 1억8천1백만 원 이상인 물품을 수의 계약으로 구매했다. 원래 규정대로라면 경쟁입찰이었다. 품질과 가격을 고려해야 함에도 견적서만 받고 계약을 진행했다. 내부 품질 테스트를 했다는 이유로 높은 가격을 제시한 업체와 바로 계약했다.

이건 누가 봐도 말도 안 되는 행위였다. 더욱이 더 비싼 제품을 구입했으니 예산까지 낭비했다. 이미 상당 기간 지난 것이라 뒷돈이 오고 간 증거를 찾지 못해 관련자 모두에게 주의, 경고를 내리고 같은 행위를 다시 하지 못하도록 조치했다.

연구 용역도 비슷했다. 공사는 해마다 100여 건의 학술 연구 용역을 발주했다. 2012년 수행한 학술 용역은 116건이었다. 문제는 두 가지였다. 하나는 중복성이었고 또 한 가지는 불필요한 연구였다.

46건의 심의 대상 용역 중 12건이 심의위원회 심의 없이 실시되었다. 또 심의를 실시한 32건 중 20건이 타당성 검토 요청서 작성을 누락했다. 심의위원회의 별도 검토의견이나 자문 없이 실시 가부만 따지고 넘어간 사례도 있었다.

이런 문제점을 해결하기 위해 2012년 3월부터 일정 금액 이상의 학술연구용역을 '학술연구용역 타당성 심의'를 거

치도록 의무화했다. 심의 기준을 준수하지 않는 경우 일을
추진하지 못하도록 그 자격을 철저히 했다.

외부강사료 조정

기업체들은 이런저런 이유로 공공기관 관계자들에 강의를
맡긴다. 정당한 강의도 많지만, 민원 해결용 강사 초빙도 더
러 있었다. 그럴 경우 강의료가 두둑하다. 한두 시간 강의에
몇백만 원을 주기도 한다.

강의료를 가장한 뇌물이었다. 주는 쪽도 받는 쪽도 다
아는 공공연한 비밀이었다. 정부가 민원 해결성 강의에 대해
브레이크를 걸었다. 액수를 조정하고 필요성을 따지고 전문
성을 살피며 공무원이나 공공기관 관계자들의 기업 초청 강
연을 엄격하게 제한했다. 국가시책이나 정책 홍보를 위해 필
요한 강의도 있을 수 있어서 막무가내로 막지는 않았다.

관광공사도 그 대상이었다. 그러나 시행을 앞두고 우물
쭈물하고 있었다. 하기 싫은 것이었다. 몇몇은 직원들 핑계
를 댔다. 큰돈도 아니니 대충 눈 감고 넘어가자고도 했다.

단칼에 잘랐다. 사실 직원이 외부 강의에 나가는 경우
는 거의 없었다. 초청 기업도 나름 계산이 있기 때문에 임원

들을 부르면 불렀지 과장급 이하의 직원을 부르지는 않았다. 외부 강의자는 90% 이상이 임원급 간부였다.

정부 시책을 바로 적용했다. 강의 초청이 들어오면 일단 감사실에 알리도록 했다. 오해를 부를 수 있는 곳은 가지 못하도록 하기 위해서였다. 강의료에 대해서도 제한을 두었다. 상식 이상의 강의료는 결국 비리와 연결됨을 그들도 알고 우리도 알았다. 받은 강의료도 사후에 밝히도록 했다. 너무 한다고들 했으나 어떤 경우라도 청렴하자는 것이니 드러내놓고 말을 하는 사람은 없었다.

오지랖 감사

나서지 않아도 그만이었다. 어쩌면 나서는 게 잘못일 수도 있었다. 그러나 아닌 걸 알면서 그냥 쳐다보고만 있을 수는 없었다. 이왕 나서는 것, 뿌리를 뽑아야 했다. 그래야 오지랖 소리를 듣지 않을 것이고 직원들도 다르게 볼 터였다.

임원들은 '중뿔나게 나선다'고 뒷말을 했지만, 직원들은 '위해줘서 고맙다'고 했다. 그들은 나중에 나를 사장 후보로 추천했다. 청와대의 입김이 강한 자리여서 큰 기대를 하지 않았지만, 노조를 중심으로 일치단결해서 그 자리에 올려준 것만 해도 고마운 일이었다. 직원들의 자진 사장추천은 그들이 나의 오지랖 넓은 행동에 감동한 결과물이었다. 잘했다는 생각을 다시 한번 했다.

보훈처의 소송

보훈처가 공사의 채용 행태를 문제 삼았다. 보훈대상자 5%
이상을 직원으로 채용하지 않았기 때문이었다. 보훈처의 판
단은 맞았지만, 공사의 잘못만은 아니었다. 더욱이 쭉 그랬
던 것도 아니고 일시적이었다. 공항 면세점 민영화 등으로
한꺼번에 직원이 빠지면서 발생한 일이었다.

사장이 보훈처에 사실관계를 설명했다. 그러나 먹히지
않았다. 어찌 되었건 잘못은 잘못이었다. 사장은 몇 차례 미
팅을 한 후 보훈처의 징계를 막을 수 없다고 판단, 손을 들었
다. 하지만 그렇게 포기해선 안 되는 일이었다. 보훈처는 소
송까지 할 태세였다. 그들로선 그렇게 하는 것이 당연하지만
조직 개편으로 인해 생긴 어쩔 수 없는 일로 관광공사가 당
해선 안 된다고 판단했다. 조직원의 사기에도 악영향을 끼칠
터였다.

사장에게 부탁했다. 대신 나설 수 있도록 해달라고 했
다. 사장은 안 되는 일로 고생시킬 수 없다며 만류했다. 그
래도 억울하게 소송당하면 안 되고 조직원들에게도 좋지 않

으니 기회를 달라고 했다. 사장은 고개를 갸웃거리면서도 정 그렇다면 한 번 협상해 보라고 허락했다.

보훈처 담당자를 찾아갔다. 그는 의아한 눈초리로 쳐다봤다. 상임감사가 나설 자리가 아니라며 상대조차 하지 않으려고 했다. 이미 예상한 바였다. 그러나 찾아가고 또 찾아갔다. 어쩔 수 없는 상황이었음을 누누이 설명했다.

처음 박대했던 담당자도 포기하지 않고 계속 찾아가자 자기 쪽 입장을 설명하며 양해해 달라고 했다. 6개월여의 방문에 담당자도 조금은 움직였다. 막무가내 설득만으론 안 된다고 판단했다. 그에게 관광공사 자회사인 그랜드코리아레저(GKL)를 통해 보훈대상자들을 채용하겠다고 밝혔다.

담당자는 괜찮은 아이디어라며 한발 물러섰다. 당시 GKL에는 특채가 많았다. 요직에 있는 인사들의 청탁 때문이었다. 이 기회에 청탁 채용도 없앨 수 있었다. 보훈처 담당자는 대체 채용을 반겼다. 6개월여의 시간이 걸렸지만 결국 소송문제는 마무리되었다.

그게 왜 외환거래법 위반인가

관광공사는 '동네북' 비슷했다. 힘 있는 공공기관이 아니라

일종의 서비스업체여서 툭하면 당했다. 관광공사 직원 7명이 외환거래법 위반으로 벌을 받아야 하는 상황이 발생했다. 외환거래법 위반이니 결코 보통 일이 아니었다. 검찰이 나서고 언론이 두들기는 등 사방에서 공사를 두드려 팼다.

면세점까지 걸리는 등 상황은 엄중했지만 사실 아무것도 아니었다. 면세점 등 유통사는 수입 물건을 100% 신고해야 하는데 그렇지 못했다. 표면적으론 대단한 범법행위였지만 몇 가지를 누락한 것이었고 공사 직원들은 그걸 사전이고 사후에 적발하지 못했다.

어쨌든 책임을 져야 하는 자리에 있으니 피할 순 없었다. 자세히 들여다보면 단순한 수량 누락이었지만 9명의 직원이 덤터기를 쓰고 직장까지 잃을 판이었다.

또 나섰다. 담당 검사 역시 감사가 나설 일이 아니라고 했다. 내부 감사를 해봐서 잘 아는 일이라며 검사에게 자초지종을 설명했다. 상황을 체크한 검사는 수사기관까지 나설 일이 아니라고 판단했다. 내부에서 처리하도록 양해해 주었다. 소소한 징계는 받았지만, 검찰에 불려가지도 않았고 아무도 직장을 잃지도 않았다. 직원들은 조직 내 높은 사람들 중에 적어도 한 명 정도는 자기들 편이라는 사실에 대해 매우 흡족해했다.

청와대, 그래도 멋대로 하면 안 되지

"이번엔 누가 가지"

"정말 싫은데. 안 갈 수도 없고."

"가면 괜찮지 않은가. 그래도 청와대인데. 새로운 경험도 할 수 있고."

"그렇지 않습니다. 일 배우는 건 하나도 없고요, 그저 커피 심부름을 한다든가 복사를 한다든가 하는 잡일뿐입니다. 그 사람들은 우리를 직원으로 생각하지도 않습니다."

"그래요, 그러면 안 가면 되죠."

"아이고, 큰일 납니다. 청와대 사람들이 가만있지 않습니다. 한두 번 그런 이야기를 한 적이 있었지만 싫은 소리만 잔뜩 듣고 결국엔 갔습니다. 우리 공사 내에 임원분들이 더 먼저 난리일 겁니다."

"가지 마세요. 갈 사람 없다고 할 테니. 책임은 제가 지죠."

직원들은 후환을 두려워하면서도 일단 상임감사가 책임을 진다니까 모른척했다. 갈 사람을 정하지 않았으니 모른척하지 않을 수도 없었다. 청와대 파견 건이었다. 청와대와 공사의 연락관 역할이라고 했으나 실은 허드렛일을 하는 심부름꾼이었다. 공사의 의견을 전달하거나 조정하는 일은 역

대로 단 한 번도 없었다고 했다. 그저 데려다 놓고 자신들이 하기 싫거나 귀찮은 일을 떠맡겼다. 가 있는 동안 그들은 철저히 상전이었다.

바로 청와대 파견을 금지시켰다. 불안한 며칠이 지났다. 파견자가 오지 않자 청와대 비서관이라는 사람이 전화했다. 상임감사가 청와대 파견을 금지시켰다는 것을 알고 전화한 것이었다. 그는 대뜸 큰소리부터 쳤다.

누구인 줄 알고 전화로 이 난리인가. 기본이 안 되어 있었다. 화가 났지만, 꾹 참고 그에게 물었다.

"우리 직원이 가서 하는 일이 무엇입니까."

"내가 당신한테 그런 것까지 말해야 하나. 보내라면 보내면 되는 거지."

"꼭 필요하다면 보내야겠지만 허드렛일이나 한다면 보내지 않겠습니다. 우리도 사람이 모자랍니다."

"관광공사 감사가 청와대도 감사하자는 거야. 필요하니까 보내라는 거지. 필요도 없는데 그러겠소."

익히 알고 있는데도 사실대로 대답하지 않고 얼버무렸다. 그러면서 험한 말까지 입에 담았다. 한바탕 서로 소리를 질러댔다. 곧바로 청와대 관광국장이 내 사무실로 달려왔다. 나에게 고함만 지른 뒤 문을 꽝 닫고 가버렸다. 관광공사 직원들도 몰려와서 이 광경을 지켜봤다.

괘씸했다. 직급으로 보면 한참 밑일 게 뻔했다. 그런데도 감히 욕지거리라니. 눈앞에 있으면 멱살잡이라도 하고 싶었다. 그렇다고 같이 험한 말을 할 수도 없었다. 그래도 서슬 퍼런 청와대가 아닌가.

"못 보냅니다."

저쪽에서 뭐라 뭐라 하는 것 같았다. 당장 쫓아가겠다. 가만두지 않겠다. 등의 내용이었다. 그러든가 말든가 내 말만 하고 끊어 버렸다.

사내에 소문이 쫙 났다. 임원들이 전전긍긍했다. 청와대를 향해 그런 일을 한 적이 없으니 당연했다. 그들은 대놓고 힐난했다. 조직도 잘 모르는 상임감사가 나타나서 일만 저지르고 다닌다는 내용이었다. 하지만 그런 규정도 없었고 더구나 젊은 친구가 청와대를 내세워 오만방자하게 나서는 게 맘에 들지 않았다.

생각 같아선 내가 먼저 뛰어가 한바탕 난리 치고 싶었다. 그럴 수 없는 게 한스러웠다. 한 번만 더 전화해서 소란을 피우면 가만있지 않겠다는 각오만 다졌다.

당장 뛰어올 것 같았던 그 비서관은 오지 않았다. 대신 며칠 후 다시 전화를 걸어왔다. 단단히 마음먹고 전화를 받았다. 대판 싸울 생각이었다. 하지만 이번엔 순하게 나왔다. 목소리부터 차분했다. 전화로 큰소리를 쳐서 미안하다며 이

해해 달라는 식이었다. 왜 이러지 싶었지만, 사과까지 하는
데 싸울 순 없었다.

한참 후 청와대 비서관이 왜 갑자기 변했는지 이유를 알
았다. 어찌어찌 소문을 들은 지인이 그에게 나에 대해 조금
부풀려서 이야기하면서 사과해야 할 것이라고 넌지시 언질
을 주었다고 했다. 관광공사 직원의 청와대 파견은 자기들
편의상 해온 관행이어서 일이 커지면 좋을 게 없기도 했다.

공사 직원의 청와대 파견은 그렇게 없어졌다. 직원들은
모이면 상임감사 이야기를 했다. 물론 좋은 이야기였다. 직
원들이 믿고 좋아해 준 덕분에 감사 일도 수월하게 할 수 있
었다. 필요하다고 생각하면 꼭 한두 명이 귀띔을 해주었다.
담당 직원 아니면 알 수 없는 비밀스러운 일까지 알게 되었
다. 다 알고 나가는 감사여서 진행도 쉬웠고 결론도 쉽게 낼
수 있었다.

조직의 문화는 몇몇 윗사람들이 만드는 게 아니다. 실무
를 하면서 현장에서 뛰는 보다 많은 직원이 만드는 것이다.

기관협력 첫 작품, 신당동 떡볶이 거리

중구는 잘 안다. 명동에서 수십 년을 보냈고 중구의회 의장

및 의원 활동을 8년이나 했다. 외래 관광객의 70% 이상이 찾는 곳이다. 관광 명소화가 필요했다. 그간의 노하우를 바탕으로 양 기관의 관광협력 사업에 대해 경영 컨설팅을 실시했다.

양 기관이 협력하면 분명히 뭔가 좋은 정책이 나올 것 같았다. 중복되는 예산도 절약할 수 있으리라고 보았다. 나름 의욕적으로 덤벼들었으나 양쪽 모두 좋아하지 않았다. 중구청은 떠나간 사람이 왜 참견이냐고 했다. 공사는 감사가 무슨 컨설팅이냐고 투덜댔다.

"함께 할 일이 제법 있을 겁니다. 서로가 가진 것을 합하면 시너지 효과가 납니다. 장담합니다."

"감사님 뜻이야 잘 알죠. 중구 일을 오래 봤으니 어련하시겠습니까. 그러나 잘 아시다시피 지자체는 지자체대로 기관 고유의 업무가 있지 않습니까. 중앙부서에서 인력이 파견돼 봤자 도움이 안 됩니다. 괜히 이래라저래라 간섭만 하겠죠."

"우리가 지자체에 나가서 뭘 하겠습니다. 협조가 되도 될까 말까인데 부정적인데 가 봤자입니다. 공사업무와 관계없는 허드렛일만 하거나 할 일 없이 소일만 할 가능성이 큽니다. 청와대 파견과 크게 다르지 않을 겁니다."

한쪽도 아니고 양쪽이 다 그러니 시작도 못 해보고 파투

255

나게 생겼다. 그런 상태에서 밀어붙이면 결과는 명약관화했다. 서로 등 돌리고 있다가 자기 일도 아닌데 괜히 나선 상임 감사만 욕먹을 터였다.

일단 한발 물러섰다. 소신은 확실했다. 관광객이 많이 찾는 중구에 관광 전문인력을 파견해 함께 일할 수 있는 협력사업을 찾으면 분명히 성공할 수 있다고 믿었다. 하지만 협력사업보다는 양 기관의 부정적인 선입견을 해소하는 게 먼저였다.

주제넘긴 하지만 중구청과 관광공사의 담당 부서장을 한 자리에 불렀다. 그리고 양 기관이 현재 하고 있는 사업들을 모두 꺼내놓고 협력이 가능한 분야를 정리해 보자고 했다. 하기 싫다는 사람들이었지만 몇 차례 만나고 친해지자 함께 할 수 있는 일들이 나타나기 시작했다.

공사 입장에서 보면 중구청의 행정 지원을 받았을 경우 효율적으로 추진할 수 있었던 사업들이 있었다. 명동, 남대문 등 관광객 밀집지역 주차난을 해소할 수 있었다. 관광 안내 시스템 설치와 같은 관광 인프라도 쉽게 해결할 수 있었다.

중구청은 축제의 국내외 마케팅, 전통 시장 안내와 홍보 부문에서 도움을 받았다. 특히 중구청에서 추진할 계획이었던 각종 관광정책의 사업성에 대해 전문적인 평가를 받고 불

필요한 사업들을 줄여 예산과 인력 낭비를 줄일 수 있었다.

원래 생각했던 것보다 할 일이 있다는 것을 느낀 양 기관은 공사 직원의 중구청 파견에 대해 동의했다. 공사는 중구청 공무원들과 잘 어울리면서 관광정책에 매우 밝은 직원을 내보냈다. 이강길 관광 협력관. 1977년 공사에 입사하여 영업관리부장, 예산부장, 면세사업단장, 관광정보처장, 감사실장을 지낸 공사의 베테랑 직원이었다. 그는 중구청을 위해 그동안 자신이 터득한 모든 정보와 지식을 다 동원했다. 그건 공사를 위한 길이기도 했다.

관광공사와 중구청이 함께한 1년. 중구청은 특별한 성과를 얻었다. 신당동 떡볶이 거리가 정부의 음식테마거리에 지정되었다. 중구의 관광특구가 명동에서 무교동, 다동까지 확대되었다. 그가 발 빠르게 정부 사업에 뛰어들고 폭넓은 식견으로 이끈 덕분이었다.

눈에 보이는 실적도 좋았지만, 더 의미 있는 것은 중구청 직원들이 관광에 대한 인식을 새롭게 한 것이었다. 중구청장은 공사 파견관을 적극적으로 활용하며 그를 2012년 '올해의 중구인'으로 선정했다. 중구청의 사례를 보면서 관광전문가가 없는 경상남도 등 지자체 여러 곳에서 공사 직원의 파견을 요청했다. 기획재정부와 문화체육관광부는 상임감사의 경영 컨설팅과 관광공사와 지자체의 협력사업을 높이 평가하며 공사 내 지역관광센터 조직을 승인하면서 10명의 인원까지 확보할 수 있도록 했다.

6

아무 할 일이 없을 땐
아무것도 안 하는 게 제일 좋다

직원들이 추천한 사장 후보

참 많은 곳을 다녔다. 현장의 소리를 듣고 소통해야 바로 세울 수 있다는 확실한 판단 때문이었다. 첫 임기 2년 동안 사업현장을 80여 회 정도 방문했고 그때마다 꼭 일선 직원들을 만나 필요한 이야기를 들었다. 그들을 통해 새로운 사업을 발굴할 수 있었고 예산절감 역시 가능했다. 덕분에 감사 결과에 대한 만족도가 2년간 5점이나 높아졌다. 기획재정부의 공공기관 상임감사 평가에서도 2년 연속 '우수' 등급을 받았다.

공사는 정부의 공공기관 평가 톱 3에 들면서 2년 연속 성과급을 받았다. 전에 없던 현상이었다. 명예도 찾고 주머니도 두둑해진 직원들은 더 열심히 일에 뛰어들었고 임원들도 결과가 좋게 나오자 태도를 바꾸었다. 성과를 그들 몫으로 했지만, 처음부터 그런 것에는 관심이 없었다. 내가 속한 조직이 잘되고 조직의 건전화가 사회와 나라 발전에 작은 도움이라도 되었다면 만족이었다.

나 역시 드물게도 연임에 들어갔다. 윗선에서 챙겨 준 것이 아니었다. 직원들이 현장에서 열심히 뛴 덕분이었다.

2013년 11월, 이참 사장이 퇴임했다. 임기가 남았으나 해외 출장길에서 한 부적절한 행동이 문제 되자 사표를 낸 것이었다. 갑자기 발생한 사장 공석이어서 후속 작업이 바로 진행되지 않았다. 4개월여의 공백이 있었다.

우여곡절 끝에 2014년 3월, 임원추천위원회가 열렸다. 자천타천의 유력 인사 43명이 한국관광공사 사장직에 공모했다. 나도 그중 한 명이었다. 노조를 중심으로 공사 직원들이 추천했다.

그들은 3년여간 옆에서 지켜본 결과를 토대로 '더 이상 말이 필요 없는 공사 사장감'임을 확신하고 있었다.

고마운 일이었다. 보통의 경우 안에 있는 사람은 잘한 것보다는 허물을 먼저 본다. 그래서 대통령이나 대장도 소싯적 고향에서 본 사람들은 '그 코찔찔이가 뭐가 되었네'라며 무시하기 일쑤다. 영웅호걸도 동네에선 그저 그런 아이들 중의 한 명일 뿐이다.

되든 안 되든 그게 중요한 것이 아니었다. 함께 일한 직원들이 하고많은 임원진 중에 나를 뽑아주었으니 그야말로 대단한 영광이었다. 3년여 상임감사 시절에 대한 최고의 포상이었다. 노조를 중심으로 한 직원들은 추천서에 공적 사항을 빽빽이 적었다. GKL 콤프 및 임대사업자 정리, 관광경찰도입, 인천공사와의 면세점 관련 소송 등을 깨알같이 적었으나 정작 그들이 말하고 싶은 건 그것이 아니었다.

감동이었다. 공사를 위해 솔선수범하고 직원들을 위해 애쓰고 함께 일하면서 감동을 받았고, 그 결과 다니고 싶은 직장, 어디에 내놓아도 손색없는 직장 문화를 만들어 준 것에 대한 고마움이었다. 직원들의 훌륭한 추천서 덕분에 공공기관운영위원회의 후보 자격 심의를 거쳐 2배수 최종 후보로 올라갈 수 있었다.

이제 임명권자의 결재만 남았다.

직원들이 나보다 더 초조하게 결과를 기다렸다. 하지만 그들이 아는지 모르는지 알 수 없지만(모를 리 없지. 그동안 숱하게 낙하산을 봐왔으니) 결과가 예상 밖으로 나올 리 없었다. 공모 절차가 진행되고 있는 와중에 이미 소문이 돌만큼 돌았다.

강태공이 빈 낚싯대를 던져놓고 마냥 기다리던 시절이

263

아니다. 선거캠프에서 뭐라도 해야지 임기 중 한자리를 차지할 수 있다. 모든 중요 자리에 자기편이 아니어도 일 잘한 사람을 시켰으면 나라가 이렇게 되지는 않았을 것이다.

박정희, 전두환 시절엔 군 장성이 공공기관 요직을 많이 차지했다. 그래도 그때는 자기들만의 룰이 있었다. 어떤 자리는 별 하나, 다른 자리는 별 4개, 그리고 그 밑에 조직은 대령 등 현역 시절 계급에 따라 자리에 앉혔다. 군대 계급이 곧 능력이었다. 군대는 물론 정부가 성공하기 위한 조건은 적재적소의 인재를 찾아내고, 그들이 능력을 발휘하도록 최대한 권한을 부여해주는 것이다. 박정희·전두환 전 대통령의 용인술도 능력 있는 인재를 전진 배치해 그들이 역량을 발휘토록하는 것이었다. 박정희 전 대통령은 유능한 부하를 기용하기 위해 삼고초려를 마다하지 않았다. 박 대통령은 자신에게 반대한 최두선 동아일보 사장을 네 번이나 만나는 사고초려 끝에 국무총리로 모셨다. 전두환 전 대통령도 스탠퍼드대 경제학 박사 출신인 김재익을 청와대 경제수석으로 임명하면서 '경제 대통령은 당신'이라고 말했다는 것은 유명한 일화다.

군대라는 딱딱한 조직에 있다가 민간에 적응하지 못해 울지도, 웃지도 못할 많은 일이 벌어졌지만, 문민정부가 들어서면서부터는 자리에 대한 기준이 없었다. 선거캠프에서 어떤 일을 했고 윗사람과 얼마나 가까우냐 등이 연공서열이었다.

뭐, 꼭 이런 사람은 안된다는 법은 없지만, 씨름 해설하던 사람, 등산 같이 한 사람, 같은 고향인 사람, 함께 직장 다녔던 사람, 배우 하던 사람, 그저 진영만 같은 사람들이 느닷없이 공공기관장이 되곤 했다. 선거전이 치열해지면서부터는 캠프 내의 활동이 매우 중요했다. 모두들 나름 전문성을 익혔다고는 하지만 믿는 사람은 아무도 없다. 결과는 소문대로였다. 박근혜 후보 선거캠프에서 미디어 홍보 본부장을 하던 사람이었다.

새로운 사장과 호흡을 맞추었다. 계속 일하면서 관광공사의 현황을 감사 입장에서 브리핑했다. 새 사장 체제로 몇 개월이 지났다. 상임감사의 임기는 끝나지 않았다. 반년은 더 지나야 했다. 떠날 생각을 했다. 사장도 그렇고 직원들도 그럴 필요 없지 않느냐고 했다. 그렇지만 여러 가지로 그만두는 게 좋겠다고 판단했다.

다시 아무 일도 없는 사람이 되었다.

나쁜 일은 꼭 몰려 다닌다더니

그래, 내려가자. 서울서 내가 할 일이 더 이상 없지 않은가. 할 일이 있다손 치더라도 지금은 조용한 곳으로 가는 게 정답이다. 총체적 난국이라더니 정말 그랬다. 어머니에겐 치매가 찾아들었다. 아들의 비염과 아토피가 더 심해졌다. 약수동 작은 건물엔 소송이 들어왔다. 아내에겐 우울증이 생겼다. 꼬이는 가정사 스트레스 탓이었다.

어머니는 평생 아버지 병구완을 했다. 마음 편히 산 날이 손꼽을 정도였다. 무던해서 말은 하지 않았지만, 마음속에 걱정들이 차곡차곡 쌓여 병이 되었다. 벌써 2~3년째지만 최근 들어 부쩍 심해졌다.

며느리도 알아보지 못했다. 병세는 점점 더 심각해졌다. 모두들 치매에는 백약이 무효라며 요양원에 모시라고 했다. 어떻게 그럴 수 있느냐고 했지만 그러고 싶기도 했다. 하지만 아내는 안 된다고 했다. 요양 시설은 절대 안 된다고 했다. 그건 현대판 고려장이라며 마지막까지 정성껏 돌보겠다고 했다.

아들은 사회생활이 여의치 않을 정도였다. 그냥 참고 하면 그만이긴 했지만, 비염 때문에, 아토피 때문에 힘든 일이 한둘이 아니었다. 직장은 좀 천천히 구하고 잡다한 병부터 잡는 게 먼저였다.

아들은 할아버지, 할머니, 아버지, 어머니 등 우리 모두의 생명의 은인이다. 돌도 채 지나지 않았을 때였다. 남산동 반지하의 두 칸 방에 여전히 다섯 식구가 함께 살고 있었다. 초겨울 비가 부슬부슬 내리던 날 연탄불을 갈았다. 고된 낮이어서 눕자마자 곯아떨어졌다. 그런데 아이가 자꾸 울어대는 바람에 깼다.

아내는 그래도 자고 있었다. 왜 그러지 싶어 일어나려다 그대로 엎어졌다. 연탄가스였다. 문을 활짝 열어젖혔다. 아내를 깨우는 둥 마는 둥 부모님이 주무시는 건넌방으로 기어갔다. 일어설 수가 없었다. 다행히 부모님 방엔 가스가 새어 들어오지 않았다. 갓난아이라 연탄가스에 약한 '덕분'이었다.

못 견디고 울어 젖힌 덕에 그 밤을 무사히 보낼 수 있었다.

약수동 건물은 핀란디아 2곳과 뚜레쥬르 2곳을 정리하면서 샀다. 태반이 대출이었지만 행운이 겹쳐서 싸게 구입했다. 물건은 작았지만 앉은 자리는 괜찮았다. 스타벅스가 3개 층을 쓰겠다고 해서 계약을 체결했다. 그리고 얼마 후 소송 건이 터졌다.

스타벅스가 알아서 자체 인테리어를 했다. 계약 기간이 넉넉하므로 건물 내부를 싹 다 뜯어고쳤다. 그런데 실내가 좁다 보니 건물 밖 조금 빈 공간에 계단을 설치했다. 옆집에서 그걸 트집 잡았다. 측량해보니 자기네 땅을 침범했다는 것이었다. 옛날 동네라 모두들 조금씩 남의 땅에 걸쳤다. 그들이 소송을 제기했다. 대수롭지 않게 생각했다. 옆집도 그렇고 그 옆집도 유독 유난을 떨었다. 넘어간 땅만큼 우리 땅도 다른 옆집이 깔고 앉아 있었다.

1심에서 졌다. 방심했던 걸 후회했지만 무를 수는 없었다. 그 땅을 빼면 스타벅스가 들어설 수 없었다. 스타벅스의 인테리어 비용을 물어주면 그대로 망할 판이었다.

머리가 복잡했다. 공기 좋은 시골로 가자 싶었다. 때마침 가수 설운도가 그럴만한 곳이 있다며 같이 가자고 했다. 양평군 개군면의 한 마을이었다. 큰길에서 한참 벗어난 조용한 곳이었다. 6·25 전쟁도 모르고 지냈다고 했다. 기본적으로 동네 앉은 터가 좋았다. 설운도가 소개한 집도 마음에 들었다.

서울 집을 팔았다. 집주인은 그 집터와 맞지 않았던 모양이었다. 자기가 살기 위해 잘 지었으나 까닭 없이 아프든지 잘 되던 일도 안 된다며 집을 팔고 싶어 하던 차였다. 덕분에 시세보다 싸게 구입했다. 설운도와 앞뒷집에 살며 형님, 동생 하며 지냈다. 설운도는 그곳이 별장이었다. 행사 등으로 심신이 피곤할 때면 며칠 쉬었다 가곤 했다.

양평의 첫 인연 설운도

앞뒷집에서 살며 형, 동생의 정을 나누었다. 설운도는 내겐 좋은 인연이었다. 알게 모르게 많은 도움을 받았다. 그와 처음 인사한 것은 관광공사 상임감사 시절이었다.

지인을 통해 한 사람이 찾아왔다. 한국은행 옆 공터에 호텔을 짓고 싶다며 도움을 청했다. 외국인 관광객이 급속히 늘어나는 바람에 시내에 반듯한 숙박 시설이 절대적으로 필요할 때였다. 도와주는 것이 아니라 우리가 도움을 받는 셈이었다.

크게 문제 될 게 없었다. 적극적으로 도와줘 호텔이 들어섰다. 그는 그러나 호텔 주인은 아니었다. 건축 일을 도와

주던 컨설턴트 정도였다. 일이 잘 풀리자 돈뭉치를 들고 왔다. 자신이 받은 수고료의 일부라고 했다.

"수고료 받으려고 한 일이 아닙니다. 나라 차원에서 호텔이 필요했던 차였습니다. 우리가 고마워해야 할 일이죠."

"뇌물이나 뭐 그런 것 아닙니다. 고생하셨으니 좀 챙기셔야죠."

"큰일 납니다. 이제껏 그런 돈 받은 적이 한 번도 없습니다. 모든 게 적법하게 이루어졌습니다. 그러니 신경 쓰지 마십시오. 자꾸 이러면 안 만나겠습니다"

"허, 참. 알겠습니다. 저도 이상한 사람 아닙니다."

느낌이 썩 좋은 편은 아니었지만 미안한지 고마운지 자주 연락하더니 설운도와 저녁 식사 자리를 잡았다. 워낙 유명한 사람이라 소개하겠다고 해서 그러라고 했더니 정말 약속을 하고 내게 가자고 했다.

설운도는 가수로도 유명하지만 나름 정치권에도 마당발이었다. 보수 쪽 연예인 대표주자로 이명박, 박근혜 선거 때 동행하며 찬조연설까지 했다. 하지만 딱 거기까지였다. 그들이 대통령이 되면 끝이었다. 무슨 자리를 준다고 해도 마다했다. 자기는 가수지 정치하는 사람이 아니라며 선거가 끝나면 일절 발을 끊고 본업으로 돌아왔다.

박근혜 정부 시절 초기에 문화융성위원을 잠깐 한 적은

있다. 자문기구여서 정식 자리는 아니었다. 그나마도 옆구리 찔러서 나중에 합류했는데 하필이면 최순실 문고리를 잡은 차은택과 함께 되는 바람에 적잖은 구설수를 겪었다.

2013년 7월 문화융성위원회가 출범했다. 대통령 직속 정책 자문기구로 박근혜 정부의 문화정책을 자문하는 위원회였다. 엔터테인먼트 대표, 영화감독, 방송작가, 음식연구소장, 공연관계자, 전통문화와 산업디자인 그리고 스포츠산업 교수 등 별의별 인사가 다 망라되었다. 설운도는 그런 게 출범한 줄도 몰랐고 신경 쓸 일도 아니었다. 그런데 선후배 가수들이 설운도에게 묘한 뉘앙스의 말을 한마디씩 던졌다.

"선배님은 박근혜 연예인특보단장 아니었어요. 한자리 해야 하는 거 아닙니까."

"하긴 뭘 해. 그분이 대통령 하는 게 좋다고 생각해서 그냥 한 거야. 가수가 가수 하면 됐지 그런 걸 뭐 하려 하나."

"그래도 그건 아니죠. 문화계 관련 온갖 사람이 다 위원인데 대중문화를 대표하는 사람은 한 명도 없잖아요."

"그러고 보니 그렇네. 선배님을 대단찮게 보는 거 아닌가."

"그렇진 않지. 이 형님이 박근혜 후보를 수행하면서 찬조연설까지 했는데 그럴 리는 없고 우리 대중문화를 만만하게 보는 거겠지. 트로트 가수라서 그럴 수도 있고 아무튼 기분 좋지는 않구만."

"난 신경도 안 쓴다니까. 그쪽에 잘못 발 들여놨다가 망한 사람 많이 봤잖아. 잠깐 반짝했다가 바로 어둠 속에 묻혀버렸잖아."

설운도는 애써 태연한 척했지만 듣고 보니 부아가 치밀었다. '위원으로 뽑힌 그 사람들보다 내가 훨씬 열심히 했고 영향력도 컸다. 선거에 집중하느라 공연 못 한 출연료만 해도 수억 되건만 이런 식으로 대하나. 나는 할 생각은 없지만, 연락은 해야 하고 그러면 내가 아니더라도 잘할만한 사람을 소개할 수도 있는 것 아닌가. 대중문화가 세상의 흐름을 바꾸고 있는 요즈음에 대중문화를 빼고 문화융성을 논하는 게 말이 되는가.'

생각하면 할수록 화가 났다. 후배들 보기에도 창피했다. 설운도는 바로 전화를 했다. 어찌 그럴 수 있느냐고 따졌다. 자신의 공적을 논하기보다는 대중문화의 중요성을 강조했다. '사람 망신 다 당했다'는 말도 덧붙였다.

1기 1년이 지나고 위원 대부분이 유임되었다. 2명만 신규위원으로 위촉되었다. 한 명은 설운도고 또 다른 한 명은 차은택이었다. 나중에 '박근혜 정부 문화 황태자'로 불렸던 그 차은택이었다. 그때 왜 신규위원이 되었는지 아는 사람은 다 알았지만, 일부에선 차은택이나 최순실과 무슨 특별한 관계라도 되는 양 색안경을 쓰고 바라봤다. 아무 관계도 없었고 실제 대통령에게 이르는 루트가 달라서 넘어갔지만, 설운도는 그 후로 더욱 정치권을 멀리했다. 그곳은 순수한 마음이 순수하게 넘어가지 않는 별천지였다.

이태원 쪽 식당이었다. 설운도는 매우 유명한 인사임에도 서글서글했다. 스타의식이라든가 그런 게 전혀 없었다. 그는 날 소개한 사람의 형과 친했다. 저녁을 하면서 이런저런 이야기를 나누다 보니 대충 상대방의 '족보'에 대해서 알게 되었다.

설운도는 자신이 두어 살 위라며 앞으로 나를 동생처럼 대하겠다고 했다. 그리곤 형제를 가리키며 조심하라고 했다. 사기성이 농후한 사람이니 투자하라고 해도 절대 하지 말라고 했다. 투자를 할지 안 할지는 더 두고 봐야 알겠지만, 동생이 내게 좋은 사업이 있다고 해서 투자를 망설이고 있을 때였다.

대화를 하다 보면 설운도는 보통 사람보다 '감'이 뛰어난 듯했다. 사물을 보는 눈이 심상치 않았다. 투자를 안 하기로 했다. 이후 그들과는 뜸해졌지만, 설운도와는 계속 인연을 맺었고 나란히 살면서 부지런히 왕래했다.

위키트리 '이커머스 사업'
최고경영자(CEO)

위키트리 김행 부회장은 나와 제네시스그룹 박지현 대표를 한 달에 한 번 정도 집으로 초대해 저녁 식사를 함께했다. 김 부회장은 세계 기후 변화를 비롯한 환경문제에 관심이 많았다. 억만장자가 된 해외 사업가가 환경 이슈에 관심을 갖고 전 재산을 기후변화로 인한 재앙을 막는 사업에 기부했다는 사례를 들며 나에게 '이커머스 사업'을 제안했다.

김 부회장은 내가 명동 뚜레쥬르에서 경영신화를 이뤘다는 소문을 들었고, 나에게 호기심을 가지고 있었다.

"임 대표님의 과감한 추진력과 통찰력은 익히 알고 있습니다. 우리가 함께 힘을 모으면 굴지의 회사로 성장시킬 수 있습니다. 이커머스 사업을 성장시켜 어려운 사람을 돕고, 국제적인 환경 문제 해결에도 기여하면 좋겠습니다."

나도 같은 의견이었다. 기술력 있는 중소기업이 고도화된 마케팅과 세련된 디자인과 브랜딩이라는 날개를 단다면 어떻게 될까?

경쟁력이 획기적으로 높아질 것이다. 중소기업을 살리고, 소비자는 질 좋은 제품을 저렴하게 구입할 수 있게 돼 모두에게 좋을 것이라고 생각했다.

대기업의 물량 공세와 저가 공급에 밀려 고생 끝에 개발한 제품에서 충분한 기대 수익을 가져가지 못하는 것은 매우 안타까운 일이었다. 우선 제품의 컨셉을 잡고 브랜드화하기 위해서는 영세한 중소기업들에 세련되고 고급화된 디자인을 제공하는 것이 중요했다.

유명한 디자인 회사인 제네시스그룹, 컨셉 & 브랜드 크리에이션 그룹 박지현 대표가 참여했다. 기술력도 있고 제품 품질도 좋지만, 디자인이 취약하고 제품 홍보가 부족한 중소기업을 돕는데 발 벗고 나섰다.

제네시스그룹은 SK그룹의 '행복날개' 디자인 및 브랜드 컨설팅, 워커힐 호텔앤리조트, 금호그룹, 아모레퍼시픽, 롯데백화점 식품관, 투썸플레이스 등 국내 굴지 기업의 브랜딩과 디자인을 맡은 회사다.

항상 그래 왔듯 나의 인생 여정에서의 중요한 선택을 할 때마다 그 기준은 '개인이 성장하는 만큼 타인과 사회에 이바지할 수 있는가'였다.

우수한 중소기업 제품을 발굴해 브랜딩부터 패키지 디자인까지 지원한다면 이는 기업을 살리고 소비자에게는 질 좋은 제품을 판매하는 길이다. 나는 주저하지 않고 함께 합심해 이커머스 사업을 하기로 결정했다.

위키트리 이커머스 사업의 플랫폼은 택샵이다. 택샵은 기술력이 뛰어난 중소기업 제품을 발굴한 뒤 세련된 디자인으로 제품을 브랜딩하고 효율적인 물류시스템을 통해 저렴한 가격으로 소비자에게 공급하는 온라인 쇼핑몰이다.

운동화 끈을 조여 매고 전국의 기술력 좋은 중소기업 제품을 찾아 나섰다. 우수 제품을 발굴하는 것은 즐거운 일이었다. 제품의 상품성, 기술력, 대중성, 상업성, 가격 경쟁력이 있는지를 입체적 관점에서 유사 경쟁 제품과 비교 분석하는 것이 필수였다.

수많은 중소기업 제품 중 폴라이브(마이크로 니들패치), 달영(항균 탈취제), 다인스(손톱손질 유리 블록) 등을 디자인하고 브랜딩 했다.

신규 사업 분야에서 성공하기 위해 발로 뛰었다. 우수한 기업을 발굴하고, 선택하는 데 혼신의 힘을 기울였다.

위키트리와 CJ대한통운은 전자 상거래 물류를 위한 업무협약을 맺었다. CJ대한통운은 택샵의 물류 전 과정을 지원하면서 향후 10년간 국내 최저가 수준의 물류비용을 적용해 주기로 했다.

소셜미디어 문화에 익숙한 직원들이 젊은 아이디어를 냈고, 이를 바탕으로 신선한 콘텐츠를 제작했다. 소셜미디어 기능을 활용한 퍼포먼스 마케팅(최대 효율의 광고를 집행하는 것) 기법을 적용하면서 가입자 수와 판매 매출이 급상승하는 효과를 거뒀다. 택샵의 브랜드 인지도가 나날이 높아졌다. 택샵의 국내 중소기업의 제품 판매 수가 1만개를 돌파했고, 매출도 매년 70%씩 성장했다.

지금도 영업이익률이 20% 이상을 유지하고 있다. 발굴한 중소기업 제품 중 폴라이브는 택샵이 생산하고 유통한 콘텐츠를 통해 아마존과 월마트에 입성했다.

나는 전국의 수많은 중소기업을 찾아다니며 품질과 기술력이 우수한 제품을 발굴하는 과정에서 영세한 중소기업 사장들의 애환을 알게 됐다. 진심으로 상대에게 다가가고 소통했고, 이는 이커머스에 대한 믿음을 심어줬다. 이를 바탕으로 제품의 경쟁력을 높였고, 회사의 매출도 증대시켰다. 여러 기업이 나에게 고마움을 전달해왔지만, 특히 한 중소기업인의 편지는 나에게 희망을 줬다.

안녕하세요. 사장님

사장님 덕분에 일어나게 된 (주)하우입니다.

사업을 하면서 좋은 제품을 만들기도 어렵지만, 그 제품을 알리는 것은 더 힘든 일이었습니다. 아무리 좋은 아이디어, 좋은 의도를 가진 제품이라고 하더라도 그걸 알릴 수 없어서 망하는 소규모 사업장도 많을 거예요. 저는 임학과를 졸업했습니다. 20년도 훨씬 전부터 환경 문제에 대해 심각한 고민을 하기 시작했습니다. 무분별하게 써대는 플라스틱과 환경오염물질 등 이대로 가다가는 '우리 아이들의 미래는 없겠구나'라는 암담한 심경이었습니다. 아토피 걸린 아들을 위해 좋은 제품을 만들고자 고민했습니다. 무분별한 개발로 숲이 점점 사라지고 있습니다. 바이러스나 세균을 막아주고, 잎의 기공을 통해 미세먼지를 흡수해주던 숲이 사라지니 그 많은 바이러스, 세균, 미세먼지는 오롯이 우리 모두가 떠안아야 할 몫이 되었습니다.

기존의 공기방향제들은 합성향이라, 사람의 폐도 굳게 하고 나쁜 세균을 죽이면서 사람의 좋은 균도 죽이는 단점을 가지고 있었습니다. 그래서 임학과에서 공부하던 저는 피톤치드를 본격적으로 공부하면서 '숲을 집으로'라는 슬로건을 내걸었습니다. 숲속 바이러스나 세균에 강한 성분과 피톤치드를 가지고 사람도 이롭게 하고 아이들도 안전하게 사용할 수 있는 제품을 만들었습니다. 하지만 이걸 어떻게 홍보할지 막막했습니다. 대부분의 투자자님들은 지금 당장 돈이 되는 제품에만 관심을 가지다 보니 만든 지 18년이 되었지만 거의 사장되기 일보 직전이었습니다.

그렇게 좌절하고 있을 때 임 사장님을 뵙게 되었습니다. 임 사장님의 신화는 익히 들어왔기에 뵙는 거 자체만으로도 좋았는데, 저의 의도를 관심 있게 들어주셨고, 저는 택샵을 통해 디자인과 홍보를 지원받게 되었습니다. 아무도 몰랐던 제품에 최고 디자인 회사의 디자인을 입히니 바이러스에 특화된 제품으로 보였고 택샵의 홍보마케팅으로 저희는 점점 자리를 잡았습니다.

벌써 몇 년이 지나 저희는 독일에도 수출하고 어느덧 직원들과 최고의 천연화장품을 만들기 위해 열심히 달리고 있습니다. 임 사장님을 못 만났더라면 어떻게 되었을까 하는 생각을 많이 합니다. 바이러스 제품은 사실 크게 성공하지는 못했지만 저희 회사의 철학을 이 제품 안에 고스란히 담아주신 임 사장님 덕분에 우리 회사가 여기까지 올 수 있었습니다.

임 사장님의 마음을 새겨 초심을 잃지 않고 단순히 잘나가는 제품을 만드는 회사가 아닌 정말 좋은 의도를 가진 좋은 성분으로 오래가는 회사가 되기 위해 노력하겠습니다.

감사합니다.

위키트리 이커머스 CEO로 재직하면서 가장 큰 보람을 느낀 순간이었다.

70년대에 찍힌 항공사진 한 장

어머니는 양평으로 간 이듬해에 운명하셨다. 아내의 우울증도 사라졌다. 아들은 건강을 되찾고 아내의 심신이 편해졌고 나 역시 모든 부담감을 떨쳤다. 모처럼 기분 좋은 한가함이 찾아 들었다.

약수동 건물 문제는 여전히 송사에 걸려 있었다. 1심에서 졌기에 2심이 만만찮았다. 변호사들은 새로운 변수가 없으면 2심은 하나 마나라며 일을 맡지 않으려고 했다.

옆 건물주는 끈질긴 인물이었다. 양쪽으로 땅이 걸쳐진 상황이라 한쪽을 챙겼으면 한쪽을 양보해야 하건만 그는 양쪽을 다 자기 것으로 만들려고 했다. 자기가 깔고 앉은 옆집

땅은 넘기지 않았다. 우리가 깔고 앉은 땅은 뺏어가려고 했다. 저쪽은 소송이 끝나 결론이 났고 우리와는 1심에서 이겨 반은 차지한 것이나 다름없었다. 들리는 바로는 법조 쪽에 편리를 봐주는 아주 친한 사람이 있다고 했다.

1심 소송을 담당했던 변호사를 해임했다. 전문 지식이 많은 다른 변호사를 찾았다. 2심 소송에 들어가기 위해서였다. 하지만 변호사들의 반응은 한결같았다. 이미 한 번 져서 이기기 힘들다며 합의가 가장 좋은 방법이라고 했다.

합의는 그러나 저쪽이 원하던 바가 아니었다. 그들의 목표는 땅을 뺏어가는 거였다. 어쨌든 합의를 시도했다. 깔고 앉은 3평 정도의 땅값을 지불하고, 소 취하를 부탁하기로 했다. 억울하지만 옆집 땅 주인에게 실 가격의 몇 배가 되는 땅값을 주겠다고 했다. 평당 1억 원씩 해서 3억여 원을 주겠다고 했다. 막무가내였다. 땅을 내놓으라고만 했다. 합의가 되지 않았다. 소송을 계속하는 수밖에 없었다.

1심을 뒤집을 만한 새로운 사실이 뭐가 있을까. 20년 이상 그 상태였다는 걸 증명하면 이길 수 있다고 했다. 어찌 되었건 지적도를 찾아보기로 했다. 서울시에 들어가 근처의 지적도를 살피고 또 살폈다. 찾지 못했다. 서류가 너무 많아 일부가 청송 쪽에 가 있다고 했다. 청송까지 갔지만 소용없었다.

토지 소송 전문 변호사와 수시로 상담했다. 우리 변호사가 이쪽 방면에 약한 터에 의욕이 그다지 없었다. 이길 수 없다고 보고 있는 듯했기 때문이었다. 10분 상담에 제법 돈이 들어갔지만, 토지 소송 전문 변호사를 통해 정보를 많이 수집했다. 어차피 민사라서 시간은 꽤 걸릴 수밖에 없었다.

수없이 변호사를 찾아가고 수없이 법원에 불려 다니다 보니 어느새 전문가가 되었다. 우리 측 변호사는 내가 제공해 준 정보를 토대로 변호사 일만 하면 되었다. 20년은 시효였다. 잘못되었다 하더라도 아무런 조치 없이 그렇게 20년이 지나면 소유권을 인정받기 힘들다는 사실을 알았다. 문제는 그것을 증명할 자료를 찾는 일이었다.

서울시의 모든 자료를 샅샅이 뒤졌다. 건축전문가에게도 의뢰했다. 이 전문가는 건축 경계 담장을 발견했다. 1970년대에 찍은 항공사진이 남아 있었다. 우리 건물의 첫 건축 연도는 1953년이었다. 당시는 일반 주택이었다. 담이 쳐져 있었다. 옆집은 1976년에 건물을 올렸다. 울타리를 인정하고 울타리 밖에 집을 지었다.

담은 자기 땅임을 입증하는 경계선이다. 그 담을 건드리지 않고 집을 지었다는 건 경계선을 인정했다는 증거였다. 토지 전문 변호사와 상담해보니, 건축 연도가 20년이 아니라 훨씬 전이어서 이길 수 있다고 했다. 2심에 들어갔다. 판사는 항공사진에 찍힌 담을 인정했다. 우리 쪽의 손을 들어주었다.

옆집은 포기하지 않았다. 결국 대법원까지 끌고 갔다. 상당히 센 법무법인을 동원했다. 우리는 이미 충분히 공부가 된 2심 변호사가 계속 소송을 진행했다. 2021년 3월, 마침내 대법 결과가 나왔다. 역시 우리가 이겼다. 땅을 다 뺏기고 거지 신세가 되는 꿈을 꾸는 악몽의 밤을 수없이 지낸 뒤였다. 장장 7년여에 걸친 소송이었다.

1심에서 진 후엔 잠을 이루지 못했다. 고작 3평이라고 하지만 법원이 판결한 대로 하면 새로 인테리어한 건물의 3평을 잘라내야 했다. 말이 3평이지 그건 건물을 부수는 것이나 다름없었다. 2심을 진행하면서도 불안은 없어지지 않았다. 항공사진을 발견하고 2심에서 이겼을 땐 로또에 당첨된 듯한 기분이었다. 대법 확정판결은 그러려니 했으면서도 막상 결정되자 10년 묵은 체증이 다 내려갔다.

노력은 배신하지 않고 정의는 이기는 법이다. 그 후 소송 당사자를 찾아갔다. 나는 고맙다고 이야기했다. 그 사람은 "그동안 원망했을 텐데 왜 고맙다는 말이냐"고 고개를 갸웃거렸다. 나는 "당신이 준 고통은 나에게 은총이었다. 왜냐면 이 소송을 겪으면서 깊은 신앙심이 생겼다. 그래서 감사한다"고 말했다. 그분도 이웃 간 서로 잘 지내자고 말했다. 이웃 간 화해가 7년 만에 이뤄진 순간이었다.

7

정치가 고귀하고 신성하다고?

봄이다.

봄이 왔다.

지난해도 지지난해도 봄은 왔지만 봄을 느끼지 못했다.

춘래불사춘이라더니 꼭 그랬다. 가슴속에, 머릿속에 짐 덩어리가 가득해

봄이 아무리 화려하게 치장을 하고 찾아와도 돌아볼 마음이 생기지

않았다. 모든 근심이 사라지니 비로소 봄이 봄이었다.

사람의 마음이라는 게 그토록 간사하다. 똑같은 데 똑같이 보지 않는다.

어느덧 이순이다. 듣는 것만으로도 이치를 다 안다는 이순임에도 마음이

지옥이니 세상도 지옥이었다.

마음의 고향 독도

의욕이 넘쳤다.

독도에 갔다.

문제익 '나라 독도 살리기 국민운동본부' 공동대표, 독도 지킴이들과 함께였다. '일본 독도영유권 도발 규탄대회' 추진 위원장 자격이었다. 일본의 이번 도쿄올림픽 홈페이지 독도 사진 게재는 이때까지의 독도영유권에 관한 허위주장과는 결이 달랐다. 대한체육회 등이 시정을 요구했으나 일본은 들은 척도 하지 않았다. 일본은 올림픽을 악용, 독도영유권에 대한 근거를 남길 생각인 듯했다.

올림픽이 국제행사이므로 국제적 증명력을 갖는다는 점

에 착안했을 것이다. 그래서 그들은 2018년 평창 동계올림픽 때부터 뛰었다. 일본은 평창 1년여 전부터 언론, 사회단체, 정치권을 총동원, 대한민국 올림픽조직위원회 누리집에 표시된 독도 삭제 운동을 벌였다. 그들은 '올림픽 헌장에 위배된다'며 IOC까지 움직여 결국 평창올림픽 지도에서 독도가 빠지게끔 했다.

평창에선 빠지고 도쿄에선 들어간 독도. 지금이야 그 내막을 알지만 한참 세월이 흐른 뒤 두 올림픽 지도를 들고 일본이 주장하면 누구의 말을 들을 것인가. 일본은 늘 그렇게 장기적인 안목으로 하나씩 준비하는데 우리 정부는 빼지 말아야 할 것은 빼고 빼야 할 건 대충 넘어가는 형국이었다. 국제사회에선 인정되지 않는 '어수룩한 대인배'의 행동이었다.

독도 지킴이인 우리가 가만 있을 수 없었다. 규탄대회를 열고 대회장 명의의 규탄서를 일본 총리에게 보내고 '일본 정부의 문서를 통해 확인된 일본의 조작된 독도영유권 주장'을 국제사회에 다시 한번 고발하기로 했다.

일본은 군국주의자들의 역사 조작으로 시작된 독도영유권 주장을 아직도 이어가고 있다. 일본 정부의 옛 문서들을 확인하면 바로 알 수 있다. 그런데도 일본은 도쿄올림픽 홈페이지에 독도를 일본 영토에 포함시키는 어처구니없는 일을 자행하고 있다.

일본의 독도에 대한 도발과 망언은 해가 갈수록 심해지고 있다. 그러나 일본이 독도에 관한 역사의 진실을 은폐, 왜곡하고 있다는 사실은 과거 일본의 역사가 스스로 증명하고 있다.

1667년 은주시청합기는 '일본의 서북 경계는 현재의 오키섬인 은기도'라고 적고 있다. 울릉도와 독도가 그들의 영토가 아님을 명료하게 규정하고 있다. 1696년 '울릉도 도해 금지령', 1785년 삼국접양지도, 1877년 일본 태정관 지령문 등은 현재 일본 정부의 허위주장을 확실하게 증명하는 결정적이고 최종적인 증거이다. 역사적 사실이 이와 같음에도 도쿄올림픽 홈페이지 공식 지도에 독도를 표기한 것은 평화와 화합의 제전인 올림픽 정신을 더럽히는 추태가 아닐 수 없다.

일본 정부 스스로 자국의 옛 정부 문서들을 확인해 독도가 대한민국의 영토임이 증명되었다는 사실을 공식 발표해야 한다. 도쿄올림픽 홈페이지 지도에 표기한 독도를 즉시 삭제하고 관련자 전원이 올림픽위원회를 포함한 세계만방에 사과해야 한다.

독도 규탄대회에서 '맨발의 사나이' 조승환 씨가 얼음 위 맨발 서기 세계신기록에 도전, 성공했다. 그가 세운 기록은 3시간 5분. 일제 침탈 35년을 극복한 의미가 담겨 있었다.

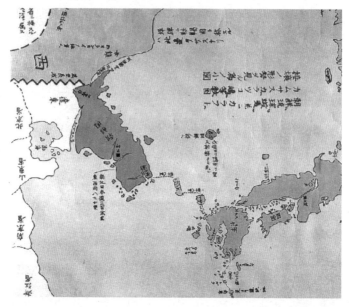

• 일본 지리학자 하야시 시헤이(林子平)가 1785년에 그린 '삼국접양지도(三國接壤地圖)'. 울릉도
와 독도가 '한국 것'이라고 명확히 표기했다. 삼국접양지도는 국제적으로 공인된 고문서다.
서울역사박물관 소장.

독도를 처음 찾은 것은 10여 년 전이다. '나라 독도 살리
기 국민운동본부'의 일원이 된 후였다. 문제익 회장과 우연
히 만난 것이 시초였다. 2012년쯤이었다. 행사가 있어 국회
헌정기념관으로 가던 중 길을 묻던 그와 마주쳤다.

"무슨 일로 가십니까?"

"독도 사랑 글짓기 국제대회' 시상식 장소 선정 답사를
가는 길입니다."

"독도요. 훌륭한 일을 하십니다. 어떤 관계이신지."

"사단법인 나라 독도 살리기 국민운동본부 대표로 있습니다. 군에서 제대한 후 2008년부터 시작했죠. 독도에 가기도 하고 독도에 대한 인식을 넓히기 위해 독도의 날 기념행사도 개최하고 있습니다. 평생의 일로 생각하면서 독도 수호 운동을 하고 있습니다."

"그렇군요. 독도는 대한민국 독립의 상징이죠. 독도를 지키는 일은 우리의 자존심을 지키는 일이라고 생각합니다."

"동지를 만나서 기쁩니다. 함께하시면 좋겠군요. 그런데 아까 재향군인회 행사에 간다고 하셨던가요. 사실 저도 향군 회원이죠."

"아, 예. 향군 부회장을 역임했습니다."

"어이쿠, 높으신 분이시네요. 장성 출신이죠."

"아닙니다. 병장 제대했습니다."

"아니, 그러면 그 유명한….'"

그는 반색했다. 육군본부 근무 시절 언론 보도를 보고 알았다고 했다. 당시 동료들과 병장 출신이 재향군인회 부회장이라니 '대단한 사람'이라는 말을 주고받았다고 했다. 문제익 회장은 적극적인 사람이었다. 이미 독도에 대한 내 생각을 들었기에 바로 같이 일을 하자고 제의했다.

"정말 의미 있는 일이고 우리 국민 모두가 한마음으로 지켜야 할 독도입니다. 저와 함께 독도 지킴이로 활동하시죠."

길 가다가 우연히 만나 뜻하지 않게 많은 이야기를 주고
받은 사이. 우연이지만 필연이라는 느낌이 들었다. 기다렸다
는 듯 대답했다.

"저야 영광이죠. 아무 일이나 시켜주시면 열심히 하겠습
니다."

"고맙습니다. 나와 함께 공동대표를 맡아주십시오."

"대표는 아닌 것 같고. 일할 수 있으면 됩니다."

"안에서 조직할 게 있고 밖으로 내세울 게 따로 있습니
다. 공동대표를 맡아서 외부 일을 키워주세요."

뜻밖의 만남으로 시작된 나의 독도 지킴이 활동이 벌써
10여 년이다. 열심히 뛰어다니고 참석했지만 '나라 독도 살
리기 국민운동본부'를 키우고 보살피는 등 모든 일은 문 회장
이 다 했다. 나는 그저 문 회장이 짜놓은 각본에 따라 움직였
을 뿐이다. 말이 공동대표지 실은 문 회장이 대표고 나는 대
표 보좌역 정도다.

문제익 씨가 독도수호운동을 결심한 것은 2008년 8월
이었다. 그 한 달 전인 7월 미국지명위원회 사이트는 한국령
으로 명기되어 있던 독도를 주권 미지정 지역으로 분류했다.
국내 전 언론이 긴급뉴스로 보도하고 전국이 분노와 우려로
요동쳤다. 덕분에 원 위치되었고 국내는 언제 그랬느냐는 듯

이내 잠잠해졌다.

그러나 문제익 씨는 가만 있으면 안 된다고 생각했다. 언제 또 그런 일이 발생할지 모르는 일이었다. 8월 15일 독도를 다녀온 후 체계적인 독도 수호 활동을 위해 단체를 설립, 2009년 5월 국토해양부 제3호로 등록했다. 첫 행사가 독도오케스트라 공연이었다. 꾸준히 관심을 불러일으키기 위해서였다.

나라 독도 살리기 국민운동본부는 그동안 큰 조직이 되었다. 국내와 해외 100여 개 지부, 그리고 중·고, 대학생연합이 있다. 해마다 10월 25일에는 이들 학생과 시민들이 참석하는 '독도의 날' 기념행사를 광화문 광장에서 연다. 최근 2년간은 코로나19 때문에 인사동 공연극장 등에서 행사를 했으나 2년 전까지는 다수의 국내 요인 등 4천~5천여 명이 참석, 독도 수호 의지를 천명하고 독도 수호 에너지를 결집하며 독도 사랑을 나누었다.

기념식날이 10월 25일인 건 1900년 고종황제가 칙령 제41호(독도칙령)를 제정, 만천하에 반포한 날이기 때문이다. 올해가 121주년인데 울도 군수의 관할 구역 안에 울릉도뿐만 아니라 죽도와 석도(독도)를 포함, 독도가 우리 땅임을 분명히 밝힌 날이다. 일본이 조선침탈의 야욕을 품고 시마네현 지방관보에 '독도를 주인 없는 섬'이라며 무단으로 시마네현에 편입하여 은밀히 고시하기 5년 전(1905년 2월 22일)이다.

얼마 전 독도는 새로운 주소를 받았다. 동도는 신라 시대 울릉도와 독도를 점령, 우리 영토로 편입시킨 이사부 장군의 이름을 딴 '이사부길'이고 서도는 '안용복길'이다. 안용복은 17세기 무렵 일본에 피납되어서도 독도를 조선 땅이라고 확실하게 밝혀 에도막부 정부로부터 그것을 인정받고 일본어선의 출어를 금지케 한 인물이다.

나라 독도 살리기 국민운동본부는 또 2010년부터 '나라 독도 사랑 글짓기 국제대회'를 개최했다. 12회째인 2021년 올해에는 전국 초중고교와 재외 한국학교 등 1017개 학교에서 23만여 명이 응모했다. (재)독도재단과 함께하는 행사로 수상자는 독도 기자단의 일원으로 활동한다. 수상자도 중요하지만, 이 행사를 통해 학생들에게 독도를 생각할 기회를 만들어 주는 게 더 중요한 일이다. 학생들이 쓴 글을 보면 10년째 이 운동을 해온 우리들이 다 놀랄 정도로 논리적이고 애국적이다.

독도의 월면

서울 휘문중학교 2학년 2반 김진희

잠이 든 독도의 월면에

차가운 얼음이 스며든다.
바위틈 사이로 고개를 숙인
섬초롱꽃이 수줍게 피어난다.

우리는 악조건 속에서도
대항하고 적응하며
새로운 희망을 탄생시키는
능력이 있다.

너와 함께 걸었던 독도의 월면.
하늘에서 우리를 밝혀주던 달빛은
독도가 태어나기 전부터
우리를 바라보고 있었다.

비록 너와 함께한 시간은
짧았지만 달빛만큼은 영원하다.
나를 보고 싶다면 하늘을
올려 보기만 하면 된다.

네가 독도에서 하늘을 올려 보는 동안
나는 물 위로 다리를 만들어

독도 월면으로 걸어가야지.

너와 함께 공존했던
나의 모든 경험은
그 어떤 나라의 권력자도
빼앗지 못한다.

나는 너를 만나면
지난날의 어려움은 잊고,
미래를 얘기할 것이다.

한반도의 처녀 섬,
우산국 독도.
불과 얼음이 만난 독도의
깊은 바다는 조용히 동해를 지킨다.

오늘도 섬초롱꽃들은
내가 건너갈 독도의 월면을
청사초롱처럼 여롱 여롱
환하고 수줍게
겸손히 숙이며 피어난다.

2008년 8월에는 독도에서 독도사수궐기대회를 했다. 2009년 10월에는 독도 부두에서 제1회 대한민국 독도사랑 홍보연주회를 열었다. 특별히 구성된 '독도오케스트라'와 '독도합창단'이 진행했다. '독도기자단' 국제간담회도 빼지 않고 개최해 왔다. 연간 최소 7차례 정도의 행사를 준비하고 참석하면서 나는 스스로 '완벽한 독도인'으로 자부하고 있다. 독도와 문제익 회장과의 관계는 앞으로도 쭉 이어질 것이고 우리들의 독도 사랑과 사수는 더욱 강해질 것이다.

문 회장은 가끔 왜 정치를 계속하지 않느냐며 나를 다그쳤던 분인데 요즘 부쩍 심해졌다. 그동안 집안일 정리에 모든 시간 바친 것을 알기에 조용했는데 다 잘 끝난 것을 알고는 '더 큰 봉사를 할 기회'라며 마구 밀어붙이고 있다.

알고도 모른 척했다. 지난 겨울, 아니, 봄이 올 때까지만 해도 생각지도 않았던 일이었다. 귀담아듣지도 않았고 그럴 필요도 없었다. 그런데도 그는 그 봄 이후 수시로 찾아왔다. 그는 이미 오래전 사라진 줄 알았던 정치 본능에 꾸준히 불을 지폈다. 봄처녀도 아니건만 맘이 싱숭생숭했다.

태평로 장학회

그래서 그런가. 그래서 그렇겠지. 여름 즈음에 지인과의 약속이 있어서 모처럼 무교동 쪽으로 나갔다가 반가운 얼굴들을 보았다. 다동과 무교동 상가번영회 회원들이었다. 그들과는 각별하게 친했다.

물론 구의회 의원 시절 시작된 인연이었다. 다동, 무교동 음식 축제를 의회 차원에서 지원하면서 입구에 대형 아치를 제작, 설치하도록 했다. 롯데와 프레지던트호텔 쪽을 제외한 3곳이었는데 늘 그렇듯 앞장서서 분위기를 잡았다.

명동 관광특구를 자연스럽게 확대한 것으로 결과적으로 식당주들에게 도움이 되었지만, 시민들이나 관광객들에게도 좋은 일이었다. 지역의 의원으로서 당연히 해야 할 일이었음에도 그들은 무척 고마워했다. 그일 뿐 아니라 다른 많은 일에도 열심히 뛰었다. 그러면서도 인사를 일절 받지 않았다. 큰돈은 아니지만, 밥값도 꼬박꼬박 냈다. 먹는 사람은 한 명이지만 내는 사람은 여러 명일 수 있어서 피해를 줄 수 있었다.

어느 날 상가번영회장이 찾아왔다. 장학회를 만들고 싶다며 회장을 맡아달라고 했다. 좋은 일이지만 해도 되는 것일까. 망설이다가 수락, 그들과 함께 '태평로 장학회'를 출범시켰다. 지역의 모든 번영회 회원이 출연했다. 2~3억 원의 기금이 마련되었다. 하지만 기금은 가능하면 건드리지 않았다. 각자가 알아서 매달 10만 원에서 20만 원을 갹출했다. 효부상, 효자, 효녀상은 1년에 한 번 정도였지만 장학금은 분기별로 나눠주었다.

공부를 잘하고 못하고는 보지 않았다. 가난한 학생이 먼저였고 다음이 봉사활동을 열심히 하는 사람들의 자녀였다. 분기별로 50여 명에게 장학금을 주다 보니 1년이면 2백여 명이나 되었다.

거의 10여 년간 태평로 장학회 이사장직을 맡았다. 큰 도움도 되지 않았는데 그 일로 2016년엔 제5회 대한민국 실천대상 시상식에서 사회공헌부문 대상을 수상했다. 참으로 겸연쩍었지만 내가 아니라 태평로 장학회에 주는 상이어서 넙죽 받았다.

그런저런 인연으로 함께 상의도 하고 문제를 해결하느라 자주 만났다. 구청장 선거에 낙마하고 나서도 인연은 이어졌다. 그러다가 양평으로 내려가면서 소식이 뚝 끊겼다. 모처럼의 만남이었지만 그들은 '그 이후 중구에선 믿을 사람이 없다'며 말끝을 흐렸다.

무슨 낌새라도 눈치챈 것인가. 그럴 리 없다. 요즘 들어 생각은 더러 했지만, 입 밖으로 내 본적은 단 한 번도 없었다. 그런 낌새를 느낀 것이 아니라 모처럼 얼굴 보니 옛날 생각도 나고 그래서 넌지시 한 번 찔러 본 것이었다.

큰 봉사, 고귀한 행위

문득 명동성당 주임 신부님과 이길용 교수님의 말이 떠올랐다. 처음 구의원에 출마하려고 했을 때 주임 신부님은 말했다.

"정치는 큰 봉사지. 하지만 남을 위해 해야 봉사인 거지. 자신의 욕심을 차리면 큰 봉사가 아니라 큰 낭패야. 지금처럼 한다면 자네는 해도 괜찮겠네. 한번 해 보시게. 첫 마음을 잃어선 절대 안 되네."

이길용 교수님은 오랫동안 동국대에서 강의를 했다. 구의원 시절부터 정신적 멘토였다.

"임 군은 꼭 정치를 해야 하네. 그래서 정치가 얼마나 고

귀하고 신성한 것인지를 보여주어야 하네.”

　　구순을 훌쩍 넘기고도 여전히 활동적이고 의욕적인 교
수님의 그 말은 '고귀하고 신성한 정치'를 하라는 뜻이었다.

　　큰 봉사이자 고귀하고 신성한 행동.

　　정치에 대한 마음이 다시 싹 텄다.

명동
파랑새

초판 1쇄 발행   2022년 2월 21일

지은이   임용혁
펴낸이   최용범

편집·기획   예진수, 박호진, 윤소진
마케팅   김학래
관리   강은선
인쇄   ㈜다온피앤피

펴낸곳   **페이퍼로드**
출판등록   제10-2427호(2002년 8월 7일)
주소   서울시 동작구 보라매로5가길 7 1322호
이메일   book@paperroad.net
페이스북   www.facebook.com/paperroadbook
전화   (02)326-0328
팩스   (02)335-0334
ISBN   979-11-90475-02-0 (03330)